Fernando Pessoa

SOBRE A ARTE LITERÁRIA

Fernando Pessoa

SOBRE A ARTE LITERÁRIA

edição
Fernando Cabral Martins
Richard Zenith

ASSÍRIO & ALVIM

Título: SOBRE A ARTE LITERÁRIA
© 2022, Fernando Cabral Martins e Richard Zenith e Porto Editora, S.A.

Autor: Fernando Pessoa
1ª. Edição, 2022
Nota do editor: por fidelidade, a edição brasileira mantém a ortografia da edição portuguesa original

Dados Internacionais de Catalogação na Publicação (CIP)
(Câmara Brasileira do Livro, SP, Brasil)

Pessoa, Fernando, 1888-1935
Sobre a arte literária / Fernando Pessoa; edição Fernando Cabral Martins, Richard Zenith.
São Paulo : Assírio & Alvim, 2022.
ISBN 978-65-993688-1-3
1. Ensaios - História e crítica 2. Literatura portuguesa - História e crítica 3. Teoria literária
I. Martins, Fernando Cabral. II. Zenith, Richard.

22-100995   CDD-869.309

III. Título.

Índices para catálogo sistemático:
1. Literatura portuguesa : Crítica e interpretação
869.309
Maria Alice Ferreira - Bibliotecária - CRB-8/7964

Todos os direitos reservados. Nenhuma parte desta publicação poderá ser reproduzida por qualquer meio ou forma sem prévia autorização de Autores e Ideias Editora Ltda. A violação dos direitos autorais é crime estabelecido na Lei nº 9.610/98 e punido pelo artigo 184 do Código Penal.

ASSÍRIO & ALVIM é um selo editorial publicado no Brasil pela Autores e Ideias Editora LTDA sob licença da Porto Editora S.A.

R. Coelho de Carvalho, 81, CEP 05.468-020 Alto da Lapa,
São Paulo, SP
Contato: assirioealvimbrasil@gmail.com
@assiriobr
www.assirio.com.br

ÍNDICE

Prefácio 11

I. IDEIAS SOBRE LITERATURA E ARTE
   Um poeta animado pela filosofia 19
   A obra de arte escrita 21
   ATENA 22
   Literatura e realidade 30
ARTE — IDEALIZAÇÃO 31
   INTERSECÇÕES 32
   Literatura e artes 33
Arte intelectual 33
   ESTÉTICA 35
   A ciência da literatura 36
FÁBULA 36
   A poesia é uma imitação da Natureza 38
   Os graus da poesia lírica 39
   Arte e sinceridade 42
   A inspiração 43
   Tudo é símbolos 44
   O HOMEM DE PORLOCK 45
   A palavra e a voz 48
O ritmo e a onda 49

Literatura e poesia 52
    A arte é a notação nítida 55
Ciência e arte 55
    O essencial na arte 56
    Poesia dramática 56
    Pensamento e emoção 57
Arte moral ou imoral 57
    As ARTES 59
    O valor da arte 61

História da literatura
    As regras clássicas 61
    O clássico e o romântico 64
    Romantismo e classicismo 65
    Romantismo e inteligência 67
    Romantismo e individualismo 69
    O trabalho do poeta moderno 71
    [Prefácio a *ACRÓNIOS*] 77

Tradução literária
    O tradutor invisível 80
    Sentido e ritmo 83
    A arte da tradução 83

II. PERSPETIVAS HETERÓNIMAS
    António Mora: A renovação da arte 89
    António Mora: Arte e perfeição 90

António Mora: O simples e o complexo 92
Ricardo Reis: A poesia metafísica 95
Ricardo Reis: Milton maior do que Shakespeare 96
Álvaro de Campos: Ritmo paragráfico 98
Álvaro de Campos: A incompreensão do ritmo paragráfico 102
Alberto Caeiro: Sobre a prosa e o verso 104
Álvaro de Campos / Ricardo Reis: Ritmo e poesia .. 104
Polémica entre Ricardo Reis e Álvaro de Campos 107

III. CRÍTICA LITERÁRIA

Luís de Camões 111
O pessimismo de Antero 112
Antero 113
Cesário Verde 115
Baudelaire e Cesário 118
Camilo Pessanha 119
Para a memória de António Nobre 120
A nova poesia portuguesa sociologicamente considerada 122
Sá-Carneiro e a imaginação 134
Mário de Sá-Carneiro (1890-1916) 135
Luís de Montalvor 138
António Botto e o ideal estético criador 139
A poesia nova em Portugal 158
Shakespeare e Leonardo 160

SHAKESPEARE..................................... 162
A tragédia de Shakespeare........................... 164
   GOETHE 166
   VICTOR HUGO 168
   EDGAR ALLAN POE 171
   Poe e Shelley..................................... 173
   A PROPÓSITO DE OSCAR WILDE 174
OSCAR WILDE....................................... 175
   A arte de James Joyce............................. 177

Notas... 179

PREFÁCIO

Nesta antologia dos escritos de Fernando Pessoa sobre a arte da literatura, que reúne, além de considerações teóricas, comentários críticos sobre precursores e contemporâneos, torna-se notória a singular materialidade textual da sua obra: o inacabamento daquilo que, por vezes, não passa de simples apontamentos contrasta vivamente com a forte estruturação dos artigos que chegaram a ser publicados. O facto é que encontramos nessas anotações soltas momentos de grande clareza e precisão, mesmo que sem a amplidão e alcance dos artigos.

Apresentam-se, numa das secções do volume, certos trechos assinados pelos autores heterónimos. Nas restantes secções, que são atribuíveis ao ortónimo, não encontramos, porém, o Autor *por detrás* da cena heteronímica, mas apenas uma outra voz, um outro campo de temas e modos de compreender a literatura. Trata-se, em todos os casos, de uma argumentação específica que discute a partir de diferentes ângulos de visão os problemas que a modernidade tornou decisivos. Portanto, as explanações críticas ou teóricas que são atribuídas aos diferentes heterónimos têm uma pertinência própria, e não pressupõem que as posições ou afirmações atribuíveis ao ortónimo sejam mais dignas de confiança do que as deles. O que é dito em função de uma qualquer posição é a cada momento relacionável com respostas em função de outra posição — e um bom exemplo é o trecho em diálogo «[Romantismo e inteligência]».

Não existe em Pessoa sossego crítico ou estabilidade teórica, e, se é uma voz neoclássica que fala, o sentido e a sintaxe são condizentes e sofrem a inflexão que essa específica coerência implica. Mas, se se trata de uma voz moderna — ou decadente, ou ocultista, ou sensacionista, etc. — há uma modulação que afina por esse diapasão concreto. O que também não quer dizer que não haja pontos de acordo entre todas as vozes — como, por exemplo, o privilégio dado à literatura no contexto das artes.

Por isso a teoria, em Pessoa, é um diálogo entre teorias e uma permanente experimentação dos seus limites. Além de que, nos casos em que há publicação na imprensa, os artigos ganham uma dimensão performativa. Quer dizer, aquilo que é importante nos artigos em que Pessoa elogia Teixeira de Pascoaes (1912) ou António Botto (1932) não será propriamente a adesão ou a convicção plenas do autor, mas o modo como atuam no quadro das discussões poética e ideológica contemporâneas.

De notar, no entanto, o interesse e o apoio genuínos que Fernando Pessoa dedica aos novos poetas, por exemplo, José Régio, Casais Monteiro ou Carlos Queiroz, ou ainda Vitorino Nemésio (como o mostra o título previsto para um artigo, «Uma Revelação: Vitorino Nemésio, Poeta», a publicar na revista *Norma*, um projeto de 1935).

Álvaro de Campos, no prolegómeno a uma exposição da filosofia de António Mora, datável de 1916, escreve o curioso apontamento seguinte: «Um sistema filosófico precisa um pouco de *prendre date*, pois nele a substância é consubstancial com a forma; uma obra literária, vivendo como vive só da forma (no sentido completo) pode ficar inédita durante muito tempo»*. Álvaro de Campos apoia a publicação da obra filosófica de Mora por causa da urgência comunicacional que seria própria do texto filosófico, acrescentando que a literatura não precisa de ser publicada de imediato, porque a sua relação com o tempo é de plena autonomia.

Ora, esta ideia de Campos ilumina, ou, até, constitui a raiz de todo o comportamento literário de Fernando Pessoa, que prova durante a vida inteira até que ponto a questão da publicação lhe é indiferente — ou quase. Ter deixado um único pequeno livro vindo a lume em português, *Mensagem*, não é senão a consequência dessa ideia. Por outro lado, a sua produção torrencial em todos os géneros e temas, sem qualquer preocupação de realizar obras acabadas, demonstra obscuramente uma confiança perfeita na possibilidade da sua publicação, que havia de ser levada a cabo por mãos vindouras — e, também, uma consciência inesperadamente próxima da matriz vanguardista de *Orpheu*, a da geração poeticamente revolucionária que é a sua. Essa matriz é a da rutura com as regras composicionais da tradição, a assunção da inorganicidade, o radical abandono da obra-monumento ou da estrutura fechada.

Todos os textos antologiados, pois, na sucessão dos seus modos de abordagem, que vão do caráter autobiográfico ao

* *Pessoa por Conhecer*, vol. II, p. 415.

histórico e ao político, expõem as múltiplas direções de um pensamento. A literatura e a arte são para Pessoa uma matéria de reflexão, para além de um tópico de intervenção pública, e a sua variação é de regra, nunca cristalizando na defesa de qualquer decálogo.

Mesmo aquela que é considerada a sua ideia sobredeterminante, a do privilégio da inteligência e do cálculo, ou a poética dita do fingimento, não tem nenhuma exclusividade nestas páginas. A inspiração (e as suas modalidades) é um tema igualmente forte. O ponto é que, ao pensar a arte literária como um conjunto de valores e de práticas, nomeadamente quando em diálogo com os seus contemporâneos, saudosistas ou presencistas, Pessoa não procura nada parecido com a polémica ou a persuasão.

Talvez se deva convocar, mais uma vez, a figura da síntese. Como se fosse possível a um escritor reivindicar para si toda a tradição e, ao mesmo tempo, a rutura com ela. Romântico, clássico e vanguardista, eis os modos pessoanos do Modernismo.

*

Nesta antologia não se repetem os trechos que se encontram em *Sobre Orpheu e o Sensacionismo* ou em volumes de prosa escolhida de Álvaro de Campos e de Ricardo Reis, editados nesta mesma coleção, tendo-se optado, ainda, por não se integrarem cartas nem poemas.

São aqui publicados três textos pela primeira vez.

Símbolos usados nesta edição:

[...] — supressão de texto
□ — espaço deixado em branco pelo autor
† — palavra ilegível
[ ] — texto acrescentado pelos editores

I.
IDEIAS SOBRE LITERATURA E ARTE

[Um poeta animado pela filosofia]

Eu era um poeta animado pela filosofia, não um filósofo com faculdades poéticas. Adorava admirar a beleza das coisas, descortinar no impercetível e através do muito pequeno a alma poética do universo.

A poesia da Terra nunca está morta. Podemos dizer que as eras passadas foram mais poéticas, mas podemos dizer □

Há poesia em tudo — na terra e no mar, nos lagos e margens dos rios. Também na cidade — não o neguem — como é evidente para mim, aqui onde me sento: há poesia nesta mesa, neste papel, neste tinteiro; há poesia na trepidação dos carros nas ruas, em cada movimento ínfimo, trivial, ridículo de um operário que, do outro lado da rua, pinta a tabuleta de um talho.

O meu sentido interno predomina de tal modo sobre os meus cinco sentidos que vejo as coisas desta vida — estou convencido disso — de modo diferente dos outros homens. Existe — existia — para mim um significado riquíssimo em algo tão ridículo como a chave de uma porta, um prego na parede, os bigodes de um gato. Há, para mim, toda uma plenitude de sugestão espiritual numa galinha com os seus pintos a atravessarem a estrada com ar pimpão.

Há para mim um significado mais profundo do que os medos humanos no aroma do sândalo, nas latas velhas deitadas num monturo, numa caixa de fósforos caída na valeta, em dois papéis sujos que, num dia ventoso, rodopiam e se perseguem pela rua abaixo.

Pois a poesia é assombro, admiração, como de um ser caído dos céus que tomasse plena consciência da sua queda, atónito com o que vê. Como alguém que conhecesse a alma das coisas e se esforçasse por recordar esse conhecimento, lembrando-se que não era assim que as conhecia, não com estas formas e nestas condições, mas não se lembrando de mais nada.

I was a poet animated by philosophy, not a philosopher with poetic faculties. I loved to admire the beauty of things, to trace in the imperceptible and through the minute the poetic soul of the universe.

The poetry of the earth is never dead. We may say that ages gone have been more poetic, but we can say □

Poetry is in everything — in land and in sea, in lake and in riverside. It is in the city too — deny it not — it is evident to me here as I sit: there is poetry in this table, in this paper, in this inkstand; there is poetry in the rattling of the cars on the streets, in each minute, common, ridiculous motion of a workman who, the other side of the street, is painting the signboard of a butcher's shop.

Mine inner sense predominates in such a way over my five senses that I see things in this life — I do believe it — in a way different from other men. There is for me —

there was — a wealth of meaning in a thing so ridiculous as a door key, a nail on a wall, a cat's whiskers. There is to me a fullness of spiritual suggestion in a fowl with its chickens strutting across the road. There is to me a meaning deeper than human fears in the smell of sandalwood, in the old tins on a dirt heap, in a matchbox lying in the gutter, in two dirty papers which, on a windy day, will roll and chase each other down the street.

For poetry is astonishment, admiration, as of a being fallen from the skies taking full consciousness of his fall, astonished at things. As of one who knew things in their soul, striving to remember this knowledge, remembering that it was not thus he knew them, not under these forms and these conditions, but remembering nothing more.

◆

[A obra de arte escrita]

Cada vez que reflito em como qualquer obra de arte escrita é, desde que seja um pouco extensa, visivelmente imperfeita, em como tão parca e débil é a vigilância do mestre para cumprir a mestria do conjunto e dos pormenores, toma-me um tédio não só do que eu não poderia fazer, senão também do que os outros fizeram — uma náusea do igual resultado do que fizeram outros e do que eu não fiz.

Se há poemas perfeitos de quatro versos, por que os não haverá de 400? Porque a vontade do artista é débil, e escassa a sua imaginação. Adormece na execução prolongada até Milton («Lycidas»).

Sonhar repugna aos que agem, porém os que agem são os que erram. Não há errar no não agir. Os edifícios por fazer não acabam em ruínas.

Os outros, como eu, sonham a obra realizada, e, como a sonham, a sonham perfeita. Uns a fizeram; outros, como eu, a não fizeram: porém foi igual o resultado do feito e do não feito, porque nos dois se mostra igual a imperfeição do mestre, que, quando agiu, agiu mal e, quando não agiu, ficou, por não agir, como se não existisse. [...]

◆

ATENA*

Tem duas formas, ou modos, o que chamamos cultura. Não é a cultura senão o aperfeiçoamento subjetivo da vida. Esse aperfeiçoamento é direto ou indireto; ao primeiro se chama arte, ciência ao segundo. Pela arte nos aperfeiçoamos a nós; pela ciência aperfeiçoamos em nós o nosso conceito, ou ilusão, do mundo.

* Publicado em *Athena*, n.º 1, Lisboa, 1924.

Como, porém, o nosso conceito do mundo compreende o que fazemos de nós mesmos, e, por outra parte, no conceito, que de nós formamos, se contém o que formamos das sensações, pelas quais o mundo nos é dado; sucede que em seus fundamentos subjetivos, e portanto na sua maior perfeição em nós — que não é senão a sua maior conformidade com esses mesmos fundamentos —, a arte se mistura com a ciência, a ciência se confunde com a arte.

Com tal assiduidade e estudo se empregam os sumos artistas no conhecimento das matérias, de que hão de servir-se, que antes parecem sábios do que imaginam, que aprendizes da sua imaginação. Nem escasseiam, assim nas obras como nos dizeres dos grandes sabedores, lucilações lógicas do sublime; em a lição deles se inventou o dito, *o belo é o esplendor do vero*, que a tradição, exemplarmente errónea, atribuiu a Platão. E na ação mais perfeita que nos figuramos — a dos que chamamos deuses — aunamos por instinto as duas formas da cultura: figuramo-los criando como artistas, sabendo como sábios, porém em um só ato; pois o que criam, o criam inteiramente, como verdade, que não como criação; e o que sabem, o sabem inteiramente, porque o não descobriram mas criaram.

*

Se é lícito que aceitemos que a alma se divide em duas partes — uma como material, a outra puro espírito —, de qualquer conjunto ou homem hoje civilizado, que deve a primeira à nação que é ou em que nasceu, a segunda à Grécia antiga. *Excetas as forças cegas da Natureza*, disse Sumner Maine, *quanto neste mundo se move, é grego na sua origem*.[1]

Estes gregos, que ainda nos governam de além dos próprios túmulos desfeitos, figuraram em dois deuses a produção da arte, cujas formas todas lhes devemos e de que só não criaram a necessidade e a imperfeição. Figuraram em o deus Apolo a liga instintiva da sensibilidade com o entendimento em cuja ação a arte tem origem como beleza. Figuraram em a deusa Atena a união da arte e da ciência, em cujo efeito a arte (como também a ciência) tem origem como perfeição. Sob o influxo do deus nasce o poeta, entendendo nós por poesia, como outros, *o princípio animador de todas as artes*; com o auxílio da deusa se forma o artista.

Com esta ordem de símbolos — e assim nesta matéria como em outras — ensinaram os gregos que tudo é de origem divina, isto é, estranho ao nosso entendimento, e alheio à nossa vontade. Somos só o que nos fizeram ser, e dormimos com sonhos, servos orgulhosos neles da liberdade que nem neles temos. Por isso o *nascitur* que se diz do poeta, se aplica também a metade do artista. Não se aprende a ser artista; aprende-se porém a saber sê-lo. Em certo modo, contudo, quanto maior o artista nato, maior a sua capacidade para ser mais que o artista nato. Cada um tem o Apolo que busca, e terá a Atena que buscar. Tanto o que temos, porém, como o que teremos, já nos está dado, porque tudo é lógico. *Deus geometriza*, disse Platão.

*

Da sensibilidade, da personalidade distinta que ela determina, nasce a arte per o que se chama a inspiração — segredo que ninguém falou, a sésame dita por acaso, o eco em nós do encantamento distante.

A só sensibilidade, porém, não gera a arte; é tão somente a sua condição, como o desejo o é do propósito. Há mister que ao que a sensibilidade ministra se junte o que o entendimento lhe nega. Assim se estabelece um equilíbrio; e o equilíbrio é o fundamento da vida. A arte é a expressão de um equilíbrio entre a subjetividade da emoção e a objetividade do entendimento, que, como emoção e entendimento, e como subjetiva e objetivo, se entrepõem, e por isso, conjugando-se, se equilibram.

Tem a arte, para nascer, que ser de um indivíduo; para não morrer, que ser como estranha a ele. Deve nascer no indivíduo per, que não em, o que ele tem de individual. No artista nato a sensibilidade, subjetiva e pessoal, é, ao sê-lo, objetiva e impessoal também. Por onde se vê que em tal sensibilidade se contém já, como instinto, o entendimento; que há portanto fusão, que não só conjugação, daqueles dois elementos do espírito.

A sensibilidade conduz normalmente à ação, o entendimento à contemplação. A arte, em que estes dois elementos se fundem, é uma contemplação ativa, uma ação parada. É esta fusão, composta em sua origem, simples em seu resultado, que os gregos figuraram em Apolo, cuja ação é a melodia. Não tem porém valia como arte essa dupla unidade senão com seus elementos não só unidos mas equivalentes.

Pobre de sensibilidade e de pessoa, a arte é uma matemática sem verdade. Por muito que um homem aprenda, nunca aprende a ser quem não é; se não for artista, não será artista, e da arte que finge se dirá o que Scaliger disse da de Erasmo: *ex alieno ingenio poeta, ex suo versificator* — poeta pelo engenho alheio, versificador pelo próprio.[2]

Pobre de entendimento, porém, e da objetividade que há nele, no génio sobressai a loucura, em que se funda; no talento a estranheza, em que se fundamenta; no engenho a singularidade, em que tem origem. O indivíduo mata a individualidade.

*

Na arte buscamos para nós um aperfeiçoamento direto; podemos buscá-lo temporário, ou constante, ou permanente. Nossa índole, e as circunstâncias, determinarão a espécie, que é também o grau, de nossa escolha.

Aperfeiçoamento temporário, não o há senão o do esquecimento; porque, como forçosamente o que temos de mau está em nós, o aperfeiçoarmo-nos temporariamente, isto é, sem aperfeiçoamento, não pode ser mais que o esquecermo-nos de nós, e da imperfeição que somos. Ministram por natureza este esquecimento as artes inferiores — a dança, o canto, a representação —, cujo fim especial é o de distrair e de entreter, e que, se excedem esse fim, também a si mesmas se excedem.

Aperfeiçoamento constante quer dizer, não o aperfeiçoamento, senão a presença constante de estímulos para ele. Não há estímulos, porém, senão exteriores; serão tanto mais fortes, quanto mais exteriores; serão tanto mais exteriores, quanto mais físicos e concretos. Ministram por natureza este estímulo constante as artes superiores concretas — a pintura, a escultura, a arquitetura —, cujo fim especial é o de adornar e de embelezar. Constantes como aperfeiçoamento, são porém permanentes como estímulos dele; de aí o serem superiores. Podem elas, contudo, admitir, como todo concreto, uma animação do abstrato; na proporção em que, sem desertarem de seu fito, o fizerem, a si mesmas se excederão.

O aperfeiçoamento permanente não pode dar-se senão por aquilo que no homem é já mais permanente e mais aperfeiçoado. Operando e animando nesse elemento do espírito se fará o homem viver cada vez mais nele, se o fará viver uma vida cada vez mais perfeita. É a abstração o último efeito da evolução do cérebro, a última revelação que em nós o destino fez de si mesmo. É ainda a abstração substancialmente permanente; nela, e na operação dela a que chamamos razão, não vive o homem servo de si, como na sensibilidade, nem pensa superficial do ambiente, como com o entendimento: vive e pensa *sub specie aeternitatis*, desprendido e profundo. Nela, pois, e por ela, se deve efetuar o aperfeiçoamento permanente do homem. As artes que por natureza ministram tal aperfeiçoamento são as artes superiores abstratas — a música e a literatura, e ainda a filosofia, que abusivamente se coloca entre as ciências, como se ela fora mais que o exercício do espírito em se figurar mundos impossíveis.

Assim, porém, como qualquer das artes superiores pode descer ao nível da ínfima, quando se dê o fito que naturalmente convém àquela, assim também as inferiores e as concretas podem, em certo modo, alçar-se ao da suprema. Assim é que toda arte, seja qual for seu lugar natural, deve tender para a abstração das artes maiores.

Três são os elementos abstratos que pode haver em qualquer arte, e que podem portanto nela sobressair: a ordenação lógica do todo em suas partes, o conhecimento objetivo da matéria que ela informa, e a excedência nela de um pensamento abstrato. Em qualquer arte é dado, em maior ou menor grau, manifestarem-se estes elementos, ainda que só nas artes abstratas, e sobretudo na literatura, que é a mais completa, possam manifestar-se inteiramente.

A mesma abstração é também o estádio supremo da ciência. Tende esta para ser matemática, isto é, abstrata, à medida que se eleva e se aperfeiçoa. É pois no nível da abstração que a arte e a ciência, ambas se alçando, se conjugam, como dois caminhos no píncaro para que ambos tendam. É este o império de Atena, cuja ação é a harmonia.

Como, porém, toda ciência, se tende para a matemática, tende, com isso, para uma abstração concreta, aplicável à realidade e verificável em seus movimentos físicos; assim toda arte, por mais que se eleve, não pode desprender-se do entendimento e da sensibilidade, em cuja fusão se criou e teve origem. Onde não houver harmonia, equilíbrio de elementos opostos, não haverá ciência nem arte, porque nem haverá vida. Representa Apolo o equilíbrio do subjetivo e do objetivo; figura Atena a harmonia do concreto e do abstrato. A arte suprema é o resultado da harmonia entre a particularidade da emoção e do entendimento, que são do homem e do tempo, e a universalidade da razão, que, para ser de todos os homens e tempos, é de homem, e de tempo, nenhum. O produto assim formado terá vida, como concreto; organização, como abstrato. Isto estabeleceu Aristóteles, uma vez para sempre, naquela sua frase que é toda a estética: *um poema*, disse, *é um animal*.[3]

*

Existe ainda o preconceito, nascido ou de se atender só às formas inferiores da arte, ou de se atender inferiormente a qualquer delas, de que a arte deve dar prazer ou alegria. Ninguém cuide esquecendo os grandes fins dela, que a arte suprema deve dar-lhe alegria, ou, ainda quando o satisfaça, satisfação. Se a arte ínfima tem por dever o entreter, se a média tem por mister o embelezar, elevar é o fim da suprema. Por isso toda arte superior é, ao contrário das outras duas, profundamente triste. Elevar é desumanizar, e o homem se não sente feliz onde se não sente já homem. É certo que a grande arte é humana; o homem, porém, é mais humano que ela.

Ainda por outra via a grande arte nos entristece. Constantemente ela nos aponta a nossa imperfeição: já porque, parecendo-nos perfeita, se opõe ao que somos de imperfeitos; já porque, nem ela sendo perfeita, é o sinal maior da imperfeição que somos.

É por isto que os gregos, pais humanos da arte, eram um povo infantil e triste. E a arte não é porventura mais em sua forma suprema, que a infância triste de um deus futuro, a desolação humana da imortalidade pressentida.

♦

[Literatura e realidade]

A literatura, que é a arte casada com o pensamento, e a realização sem a mácula da realidade, parece-me ser o fim para que deveria tender todo o esforço humano, se fosse verdadeiramente humano, e não uma superfluidade do animal. Creio que dizer uma coisa é conservar-lhe a virtude e tirar-lhe o terror[1]. Os campos são mais verdes no dizer-se do que no seu verdor. As flores, se forem descritas com frases que as definam no ar da imaginação, terão cores de uma permanência que a vida celular não permite.

Mover-se é viver, dizer-se é sobreviver. Não há nada de real na vida que o não seja porque se descreveu bem. Os críticos da casa pequena soem apontar que tal poema, longamente ritmado, não quer, afinal, dizer senão que o dia está bom. Mas dizer que o dia está bom é difícil, e o dia bom, ele mesmo, passa. Temos pois que conservar o dia bom em uma memória florida e prolixa, e assim constelar de novas flores ou de novos astros os campos ou os céus da exterioridade vazia e passageira.

Tudo é o que somos, e tudo será, para os que nos seguirem na diversidade do tempo, conforme nós intensamente o houvermos imaginado, isto é, o houvermos, com a imaginação metida no corpo, verdadeiramente sido. Não creio que a história seja mais, em seu grande panorama desbotado, que um decurso de interpretações, um consenso confuso de testemunhos distraídos. O romancista é todos nós, e narramos quando vemos, porque ver é complexo como tudo.

Tenho neste momento tantos pensamentos fundamentais, tantas coisas verdadeiramente metafísicas que dizer, que me canso de repente, e decido não escrever mais, não pensar mais, mas deixar que a febre de dizer me dê sono, e eu faça festas com os olhos fechados, como a um gato, a tudo quanto poderia ter dito.

◆

ARTE — IDEALIZAÇÃO

Todo o material da arte repousa sobre uma abstração: a escultura, por exemplo, desdenha o movimento e a cor; a pintura desdenha a 3.ª dimensão e o movimento portanto; a música desdenha tudo quanto não seja o som; a poesia baseia-se na *palavra*, que é a abstração suprema, e por essência, porque não conserva nada do mundo exterior, porque o som — acessório da palavra — não tem valor senão associado — por impercebida que seja essa associação — □

A arte, portanto, tendo sempre por base uma abstração da realidade, tenta reaver a realidade idealizando. Na proporção da abstração do seu material está a proporção em que é preciso idealizar. E a arte em que mais é preciso idealizar é a maior das artes.

◆

INTERSECÇÕES

1. Existe apenas uma arte, que é a Literatura. Não há nem poesia nem prosa — mas apenas Literatura. A literatura é composta de três elementos — matéria, forma e ritmo. São estes os graus da matéria, desde a filosofia pura até à absoluta insubstancialidade. A *Crítica da Razão Pura* é literatura, assim como os poemas que Maeterlinck nunca há de escrever.

2. Todas as outras formas de arte são materializações do material literário. A pintura isola o elemento-cor da literatura. A escultura isola o elemento-forma. A arquitetura isola o elemento-estrutura. A música isola o elemento-ritmo. O mesmo se aplica às artes plebeias — dança, teatro, eloquência e política.

3. A literatura é a única arte concreta, por isso é a única arte completa, que reproduz a Realidade mentalmente sem omitir nenhum elemento. Todas as outras artes são abstrações — frias e ineficazes. Um artista é um homem que não

consegue compreender outra arte senão a literatura. Uma percepção clara da beleza da pintura, escultura, música e arquitetura é um estádio de degeneração.

INTERSECTIONS

1. There is only one art, which is Literature. There is neither poetry nor prose—but only Literature. Literature is composed of three elements—matter, form and rhythm. These are all degrees of matter from pure philosophy to absolute matterlessness. The *Critique of Pure Reason* is literature, and so are the poems Maeterlinck will never write.

2. All the other forms of art are materializations of literary material. Painting is an isolation of the colour-element in literature. Sculpture is an isolation of the form-element. Architecture is an isolation of the structure-element. Music is an isolation of the rhythm-element. The same applies to the plebeian arts—dancing, acting, eloquence and politics.

3. Literature is the only concrete art, hence it is the only complete art, which reproduces Reality mentally without omitting any elements. All the other arts are abstractions—cold and ineffectual. An artist is a man who cannot understand any art but literature. A clear perception of the beauty of painting, sculpture, music and architecture is a stage of degeneration.

◆

[Literatura e artes]

[...] A literatura é a forma intelectual de dispensar todas as outras artes. Um poema, que é um quadro musical de ideias, dá-nos a liberdade, através da compreensão que dele tivermos, de ver e ouvir o que queremos. Todas as estátuas e pinturas, todas as canções e sinfonias, são tirânicas em comparação com isto. Num poema, temos de compreender o que o poeta pretende, mas podemos sentir o que quisermos.

[...] Literature is the intellectual way of dispensing with all the other arts. A poem, which is a musical picture of ideas, makes us free, through the understanding of it, to see what we want and to hear what we want. All statues and paintings, all songs and symphonies, are tyrannous in comparison with this. In a poem, we must understand what the poet wants, but we may feel what we like.

◆

[Arte intelectual]

Pode não ser inteligente, mas tem de ser intelectual.

A arte é a intelectualização da sensação através da expressão. A intelectualização é dada na, pela e mediante a própria expressão. É por isso que os grandes artistas — mesmo os grandes artistas da literatura, a mais intelectual das artes — são tão frequentemente pessoas sem inteligência.

> He may not be intelligent, but he must be intellectual.
> Art is the intellectualization of sensation[1] through expression. The intellectualization is given in, by and through the expression itself. That is why great artists—even great artists in literature, which is the most intellectual of the arts—are so often unintelligent persons.

◆

ESTÉTICA

A composição de um poema lírico deve ser feita, não no momento da emoção, mas no momento da recordação dela. Um poema é um produto intelectual, e uma emoção, para ser intelectual, tem, evidentemente, porque não é, de si, intelectual, que existir intelectualmente. Ora a existência intelectual de uma emoção é a sua existência na inteligência — isto é, na recordação, única parte da inteligência, propriamente tal, que pode conservar uma emoção.

[A ciência da literatura]

As emoções e os desejos são manchas de humanidade que têm de ser tiradas da alma quando ela procura a atitude científica.

A sensação estética pode tornar-se uma ciência, e a originalidade cultivada como uma disciplina.

A ciência da literatura envolve uma prolongada e disciplinadora cultura da insinceridade. Escrever longos trechos sangrando amor, alegria, tristeza sem sentir o que se está escrevendo — eis o triunfo máximo. A sinceridade é o grande obstáculo que o artista tem a vencer. Só uma longa disciplina, uma aprendizagem de não sentir senão literariamente as coisas, podem levar o espírito a esta culminância.

♦

FÁBULA*

Num fabulário ainda por encontrar será um dia lida esta fábula:

* Publicado em *O Jornal*, n.º 1, 4 de abril de 1915.

A uma bordadora dum país longínquo foi encomendado pela sua rainha que bordasse, sobre seda ou cetim, entre folhas uma rosa branca. A bordadora, como era muito jovem, foi procurar por toda a parte aquela rosa branca perfeitíssima, em cuja semelhança bordasse a sua. Mas sucedia que umas rosas eram menos belas do que lhe convinha, e que outras não eram brancas como deviam ser. Gastou dias sobre dias, chorosas horas, buscando a rosa que imitasse com seda, e, como nos países longínquos nunca deixa de haver pena de morte, ela sabia bem que, pelas leis dos contos como este, não podiam deixar de a matar se ela não bordasse a rosa branca.

Por fim, não tendo melhor remédio, bordou da memória a rosa branca que lhe haviam exigido. Depois de a bordar, foi compará-la com as rosas brancas que existem realmente nas roseiras. Sucedeu que todas as rosas brancas se pareciam exatamente com a rosa que ela bordara, que cada uma delas era exatamente aquela.

Ela levou' o trabalho ao palácio e é de supor que casasse com o príncipe.

No fabulário, onde vem, esta fábula não traz moralidade. Mesmo porque, na idade de ouro, as fábulas não tinham moralidade nenhuma.

◆

[A poesia é uma imitação da Natureza]

A poesia é uma imitação da Natureza no sentido em que é uma imitação dos modos da Natureza.

A obra de arte (como qualquer outra coisa) mais duradoura é aquela que guarda mais vida nela; e aquilo que guarda mais vida em si é precisamente o que se ajusta às regras da vida. Essas regras são o equilíbrio, o mais perfeito possível, entre forças de desintegração e integração, ao mesmo tempo conflituais e complementares. Aquele estado, aquela instituição e aquela obra de arte que melhor «copiam a Natureza», no sentido em que reproduzem no seu microcosmo a lei macrocósmica do equilíbrio de forças conflituais, do equilíbrio entre a desintegração e a integração, são os que defendem melhor e servem melhor o homem, nem que seja porque duram mais; e não apenas porque duram, mas porque, sendo duradouros, se conformam melhor com a vida e, portanto, servem melhor os fins da Natureza, os quais, sejam eles quais forem, devem estar de acordo, e não em conflito, com a Natureza, e, seja qual for a maneira como os vejamos, não podem senão ser supremos, porque persistem e resistem à morte.

Poetry is an imitation of Nature in the sense that it is an imitation of the ways of Nature.

That work of art (as that anything) endures most which has most life in it; that has most life in it which most exactly conforms to the rules of life. These rules are the balance, as perfect as possible, of the conflicting and complementary forces of disintegration and integration. That state, that institution, that work of art which most «copy Nature» in the sense of reproducing in their microcosm her macrocosmic law of the balance of conflicting forces, of the equilibrium of desintegration and integration, most endure and most serve man, if only because they most endure; and, not only because they most endure, but because, most enduring, they thereby conform most to life, and therefore most serve Nature's ends, which, whatsoever they be, must be in an agreement, and not in a conflict, with Nature, and, whatsoever way they are seen to be such, must surely be supremely because they persist and resist death.

◆

[Os graus da poesia lírica]

O primeiro grau da poesia lírica é aquele em que o poeta, de temperamento intenso e emotivo, exprime espontânea ou refletidamente esse temperamento e essas emoções. É o tipo mais vulgar do poeta lírico; é também o de menos mérito, como tipo. A intensidade da emoção procede, em geral, da unidade do temperamento; e assim este tipo de poeta lírico é em geral monocórdio, e os seus poemas giram em torno de determinado número, em geral pequeno, de emoções. Por isso, neste género de poetas, é vulgar dizer-se, porque com razão se nota, que um é «um poeta do amor», outro «um poeta da saudade», um terceiro «um poeta da tristeza».

O segundo grau da poesia lírica é aquele em que o poeta, por mais intelectual ou imaginativo, pode ser mesmo que só por mais culto, não tem já a simplicidade de emoções, ou a limitação delas, que distingue o poeta do primeiro grau. Este será também tipicamente um poeta lírico, no sentido vulgar do termo, mas já não será um poeta monocórdio. Os seus poemas abrangerão assuntos diversos, unificando-os todavia o temperamento e o estilo. Sendo variado nos tipos de emoção, não o será na maneira de sentir. Assim um Swinburne, tão monocórdio no temperamento e no estilo, pode contudo escrever com igual relevo um poema de amor, uma elegia mórbida, um poema revolucionário.

O terceiro grau da poesia lírica é aquele em que o poeta, ainda mais intelectual, começa a despersonalizar-se, a sentir, não já porque sente, mas porque pensa que sente; a sentir estados de alma que realmente não tem, simplesmente porque os compreende. Estamos na antecâmara da poesia dramática, na sua essência íntima. O temperamento do poeta, seja qual for, está dissolvido pela inteligência. A sua obra será unificada só pelo estilo, último reduto da sua unidade espiritual, da sua coexistência consigo mesmo. Assim é Tennyson, escrevendo por igual «Ulysses» e «The Lady of Shalott», assim, e mais, é Browning, escrevendo o que chamou «poemas dramáticos», que não são dialogados, mas monólogos revelando almas diversas, com que o poeta não tem identidade, não a pretende ter e muitas vezes não a quer ter.

O quarto grau da poesia lírica é aquele, muito mais raro, em que o poeta, mais intelectual ainda mas igualmente imaginativo, entra em plena despersonalização. Não só sente, mas vive, os estados de alma que não tem diretamente. Em grande número de casos, cairá na poesia dramática, propriamente dita, como fez Shakespeare, poeta substancialmente lírico erguido a dramático pelo espantoso grau de despersonalização que atingiu. Num ou noutro caso continuará sendo, embora dramaticamente, poeta lírico. É esse o caso de Browning, etc. (*ut supra*). Nem já o estilo define a unidade do homem: só o que no estilo há de intelectual a denota. Assim é em Shakespeare, em quem o relevo inesperado da frase, a subtileza e a complexidade do dizer, são a única coisa que aproxima o falar de Hamlet do do Rei Lear, o de Falstaff do de Lady Macbeth. E assim é Browning através dos *Men and Women* e dos *Dramatic Poems*.

Suponhamos, porém, que o poeta, evitando sempre a poesia dramática, externamente tal, avança ainda um passo na escala da despersonalização. Certos estados de alma, pensados e não sentidos, sentidos imaginativamente e por isso vividos, tenderão a definir para ele uma pessoa fictícia que os sentisse sinceramente.

♦

[Arte e sinceridade]

Para que a arte possa ser arte, não se lhe exige uma sinceridade absoluta, mas algum tipo de sinceridade. Um homem pode escrever um bom soneto de amor sob duas condições — porque está apaixonado por alguém, ou porque está apaixonado pela arte. Tem de ser sincero no amor ou na arte; não pode ser ilustre em nenhum deles, ou seja no que for, de outro modo. Pode arder por dentro, sem pensar no soneto que está a escrever; pode arder por fora, sem pensar no amor que está a imaginar. Mas tem de estar a arder algures. Caso contrário, não conseguirá resolver o problema da sua inferioridade humana.

Not sincerity in the absolute, but some sort of sincerity, is required in art, that it may be art. A man can write a good love sonnet in two conditions — because he is greatly in love, or because he is greatly in art. He must be sincere in the love or in the art; he cannot be great in either, or in anything, otherwise. He may burn inwardly, not thinking of the sonnet he is writing; he may burn outwardly, not thinking of the love he is figuring. But he must be on fire somewhere. Otherwise he will not cook the goose of his human inferiority[1].

♦

[A inspiração]

Encontramos então essa coisa peculiar chamada inspiração — um termo sem sentido e uma realidade. É esse estranho acidente que desponta, como o dia da noite, da monotonia de Wordsworth. É o estranho fulgor que paira sobre os estranhos sonetos que Gerard de Nerval recebeu do além. Blake estendeu a mão e recebeu-a através da cortina. Shakespeare sempre a teve — ele era o seu próprio demónio.

A grande elevação e o empolgamento presentes nos versos de Homero, Virgílio ou Milton, podem ser entendidos com a razão; é uma intensificação daquilo que é. Mas como é que uma intensificação daquilo que *não* é deve ser recebida pelo entendimento? Não um lume que se eleva em chama, mas um toro acendido com um lume exterior, que se torna seu — isto é a inspiração...

We meet then that peculiar thing called inspiration — a meaningless name and a reality. It is that strange accident that breaks like a day out of the night of Wordsworth's dullness. It is the strange gleam on those strange sonnets which Gerard de Nerval got from outside the world. Blake stretched out his hand and received it through the curtain. Shakespeare had it perpetually — he was his own daemon.

A great rise and swell in the verse of Homer, Virgil or Milton can be understood with reason; it is a quickening of what is. But how is a quickening of what is *not*[1] to be gathered into understanding? Not a light that rises into a flame, but a log that is kindled with an outer light that becomes its own — this is inspiration[2]...

◆

[Tudo é símbolos]

Tudo é símbolos.
— Mas rio, às vezes, quando vejo quererem provar que há símbolos nas obras mais transparentes dos poetas menos místicos e menos intencionadores.
— Não há de que rir. Que símbolo não trará consigo a parte «inspiração» da obra? Essa parte o poeta não criou; o que cria nela? que Inteligência Superior a mandaria, e para dizer o quê?

Não é o poeta *quem*, o poeta é *por quem*, se escreve a obra. Por isso pode haver símbolo no que menos parece tê--lo. O poeta nega-o? Mas não foi o poeta quem escreveu, mas só quem transcreveu.

Tudo é, na criação literária, a «escrita automática» dos médiuns.

◆

O HOMEM DE PORLOCK*

A história marginal da literatura regista, como curiosidade, a maneira como foi composto e escrito o «Kubla Khan» de Coleridge. Esse quase-poema é dos poemas mais extraordinários da literatura inglesa — a maior, salvo a grega, de todas as literaturas. E o extraordinário da contextura consubstancia-se com o extraordinário da origem.

Foi esse poema composto — narra Coleridge — em sonho. Morava ocasionalmente em uma herdade solitária, entre as aldeias de Porlock e Linton. Um dia, em virtude de um anódino que tomara, adormeceu; dormiu três horas, durante as quais, diz, compôs o poema, surgindo em seu espírito, paralelamente e sem esforço, as imagens e as expressões verbais que a elas correspondiam.

Desperto, dispunha-se a escrever o que compusera; tinha escrito já trinta linhas, quando lhe foi anunciada a visita de «um homem de Porlock». Coleridge sentiu-se obrigado a atendê-lo. Com ele se demorou cerca de uma hora. Ao retomar porém a transcrição do que compusera em sonho, verificou que se esquecera de quanto lhe faltava escrever; não lhe ficara lembrado senão o final do poema — vinte e quatro linhas mais.

E assim temos esse «Kubla Khan» como fragmento ou fragmentos — o princípio e o fim de qualquer coisa espantosa, de outro mundo, figurada em termos de mistério que a imaginação não pode humanamente representar-se, e da

* Publicado em *Fradique*, n.º 2, 15 de fevereiro de 1934.

qual ignoramos, com horror, qual poderia ter sido o enredo. Edgar Poe (discípulo, soubesse-o ou não, de Coleridge) nunca, em verso ou prosa, atingiu o Outro Mundo dessa maneira nativa ou com essa sinistra plenitude. No que há de Poe, com toda a sua frieza, alguma coisa resta de nosso, ainda que negativamente; no «Kubla Khan» tudo é outro, tudo é Além; e o que se não sabe o que é decorre em um Oriente impossível, mas que o poeta positivamente viu.

Não se sabe — não o disse Coleridge — quem foi aquele «Homem de Porlock», que tantos, como eu, terão amaldiçoado. Seria por uma coincidência caótica que surgiu esse interruptor incógnito, a estorvar uma comunicação entre o abismo e a vida? Nasceu a coincidência aparente de qualquer oculta presença real, das que parecem conscientemente entravar a revelação dos Mistérios, ainda quando intuitiva e lícita, ou a transcrição dos sonhos, quando neles durma qualquer forma de tal revelação?

Seja como for, creio que o caso de Coleridge representa — numa forma excessiva, destinada a formar uma alegoria vívida — o que com todos nós se passa, quando neste mundo tentamos, por meio da sensibilidade com que se faz arte, comunicar, falsos pontífices, com o Outro Mundo de nós mesmos.

É que todos nós, ainda que despertos quando compomos, compomos em sonho. E a todos nós, ainda que ninguém nos visite, chega-nos, de dentro, o «Homem de Porlock», o interruptor imprevisto. Tudo quanto verdadeiramente pensamos ou sentimos, tudo quanto verdadeiramente somos, sofre (quando o vamos exprimir, ainda que só para nós mesmos) a interrupção fatal daquele visitante que também somos, daquela pessoa externa que cada um de nós tem em si, mais real na vida do que nós próprios — a soma viva do que aprendemos, do que julgamos que somos, e do que desejamos ser.

Esse visitante — perenemente incógnito porque, *sendo nós*, não é «alguém»; esse interruptor — perenemente anónimo porque, *sendo vivo*, é «impessoal» —, todos nós o temos que receber, por fraqueza nossa, entre o começo e o termo de um poema, inteiramente composto, que não nos damos licença que fique escrito. E o que de todos nós, artistas grandes ou pequenos, verdadeiramente sobrevive — são fragmentos do que não sabemos que seja; mas que seria, se houvesse sido, a mesma expressão da nossa alma.

Pudéssemos nós saber ser crianças, para não ter quem nos visitasse, nem visitantes que nos sentíssemos obrigados a atender! Mas não queremos fazer esperar quem não existe, não queremos melindrar «o estranho» — *que é nós*. E assim, do que poderia ter sido, fica só o que é: do poema, ou dos *opera omnia*, só o princípio e o fim de qualquer coisa perdida — *disjecta membra* que, como disse Carlyle, é o que fica de qualquer poeta, ou de qualquer homem.

◆

[A palavra e a voz]

Há duas expressões humanas de um estado mental — a palavra e a voz. Não há palavras sem voz, mas há voz sem palavras — no grito, no riso, no trauteio — ou, seja, o canto sem palavras. Diferem uma da outra estas duas formas de expressão em que a palavra é, essencialmente, a expressão de um pensamento ou ideia, e a simples voz é a expressão de uma emoção. A voz trémula que afirma, afirma como palavras e nega como voz. A ideia e a emoção desencontram-se onde se juntam. Os animais, que são emotivos mas não pensantes têm voz mas não palavra. De alguns animais, como as formigas e as abelhas, se pode talvez dizer que têm palavra mas não têm voz; e com efeito se entendem e manifestam na sua organização social o que parece ser inteligência. São especulações curiosas, que podiam prolongar muito. Não as queremos prolongar senão até aqui, porque até aqui é que nos servem para o nosso argumento. O mais é a mais.

A prosa, que é predominantemente expressão de ideias, nasce diretamente da palavra. O verso, que é predominantemente expressão de emoções, nasce diretamente da voz. Por isso os primeiros versos não eram ditos mas cantados. À expressão de uma ideia chamar-se-á propriamente explicação, porque expor uma ideia é explicá-la; à expressão de uma emoção chamar-se-á propriamente ritmo, porque expor uma emoção é tirar-lhe o pensamento sem lhe tirar a expressão, vocalizá-la sem a dizer.

Como o homem é pensante e emotivo ao mesmo tempo, as duas coisas — salvo em casos puramente animais como o grito, ou puramente artificiais como o trauteio — aparecem-nos juntas.

◆

[O ritmo e a onda]

O movimento de qualquer composição literária é o da onda. Divide-se em três, quatro, ou cinco tempos esse movimento, consoante a maneira como se decomponha para a nossa análise.

O movimento da ode consiste essencialmente em três tempos, e, como o da ode, o de toda a poesia lírica. O movimento está tradicionalmente gravado na estrofe, antístrofe e epodo da ode grega. — O primeiro tempo corresponde à lenta subida da onda, ao chegar à praia; o segundo movimento corresponde àquele tempo em que a onda reflui sobre si própria, curvando-se; o terceiro tempo corresponde àquele gesto da vaga quando, findo o movimento anterior, se espraia e alonga pela areia. — Assim, pois, as relações entre a estrofe e a antístrofe são as seguintes: a antístrofe procede da estrofe, ou prolonga-a; e, ao mesmo tempo, opõe-se-lhe; assim como, ao fazê-lo, a faz culminar. — As relações entre a antístrofe e o epodo são análogas, posto que não iguais. O epodo ao mesmo tempo que prolonga a antístrofe[1], liga, por cima dela, com a estrofe; e, ao fazer isto, completa o movimento ideativo posto na estrofe, que a antístrofe ao mesmo tempo prolongou e interrompeu. — É o movimento tese-antítese-síntese da dialética platónica. Foi a grande descoberta dos gregos na arte esta da estruturação.

O movimento do drama consiste de quatro tempos. Temos a preparação, onde se expõem e se delimitam os conceitos temáticos; o desenvolvimento deles; o clímax, ou auge, a que chegam; e, por fim, a queda, pela solução do conflito que se representou. — Na onda, também, podemos dividir o movimento nestes quatro tempos. — Primeiro a onda avança recurva, e sobe para a sua crista; depois (2.º tempo) curva em sentido contrário; a seguir (3.º) move-se na curva oposta, que é já no sentido do primitivo movimento; por fim (4.º, e último, tempo) estende-se no alastre final. Repare-se em como a estrutura de qualquer drama corresponde a esta classificação analítica dos tempos do ritmo do mar. — No 1.º ato natural a situação é posta e esboçados os termos do conflito que vai desenvolver-se; tanto quanto é possível dizer-se tal de uma coisa em movimento, há um elemento estático (porque na onda o há quase horizontal) neste ato. No 2.º ato natural desenvolvem-se os elementos dados no 1.º ato; e, enquanto no 1.º se punham as situações de onde havia de nascer a possibilidade do conflito, no 2.º determina-se a situação de onde o conflito há de nascer. No 3.º ato natural dá-se o conflito. No 4.º resolve-se. O movimento rítmico do 3.º ato natural é no sentido do do 1.º, porque o conflito nele se dá, e na curva do 2.º, porque desenvolve o seu movimento culminado.

Fica, desde já, compreendido porque é que o final dos poemas e das outras obras literárias da Grécia é calmo; porque o fim da onda, o seu espraiar-se está ao mesmo nível que o princípio, e o princípio tem de ser calmo, porque é o princípio. O fim regressa ao nível do princípio.

O drama pode ser dividido em tantos atos, quantos se queira. Mas, naturalmente, tem quatro atos. Assim o ensina a intuição grega, filosoficamente desdobrada.

A epopeia, e toda a narrativa literária, baseia-se, não como a ode em três, ou o drama em quatro, tempos, mas em um movimento de cinco tempos, que é o mais largo em que se pode dividir o movimento da onda. Os movimentos são os quatro do drama, mas o cimo da onda, o ponto de passagem da curva no sentido inverso, para a curva no próprio sentido, da direção da onda, é considerado como, também, um tempo do movimento. Assim, os cinco tempos do movimento épico são: (1) preparação, (2) desenvolvimento, (3) segunda preparação, (4) decisão, (5) fim. — Ocorrerá perguntar porque é que se chama decisão e clímax ao movimento recurvo da onda, quando se move já no sentido da sua direção primeira, e se não chama — pelo menos nesta quíntupla divisão — o auge, ou o clímax, ao seu auge visível, que é quando a onda passa no seu ponto mais alto. É que — repare-se bem — em tudo isto se estuda o ritmo e não a altura; a altura da onda não entra na comparação, nem serve de base. É o seu ritmo apenas, e a sua altura só como serva do seu ritmo, que entram no problema. O auge da onda, em altura, é o seu ponto de máxima altura; mas o auge da onda, em ritmo, é o seu ponto de definitiva direção. Esse ponto é quando, já sem retorno possível, se dirige para o ponto para onde a sua direção a encaminhou.

É evidente que o que se diz aqui da ode, se aplica, na prosa, à obra que não contém narrativa, mas apenas impressão; que o que se diz aqui do drama, se aplica ao drama em prosa, como ao em verso; que o que se diz aqui da epopeia, e por implicação de qualquer poema narrativo, se supõe dito de, na prosa, a narrativa de qualquer espécie, seja conto, ou novela, ou romance extenso.

◆

[Literatura e poesia]

Encontram-se nesta publicação, que é dividida em Secções ou Títulos, dois títulos ou secções que têm nome *Literatura* e *Poesia*. Parecerá a muitos absurdo que se estabeleça o que parece ser uma distinção entre um género e uma das suas espécies.

A poesia é, sem dúvida, e no que a boa lógica tem só de boa lógica, uma espécie do género literatura. Esta é a arte que se forma com palavras; aquela a espécie dela que se forma com palavras dispostas de determinada maneira. «A prosa», dizia Coleridge, «é as palavras dispostas na melhor ordem; a poesia as melhores palavras dispostas na melhor ordem». Assim é, ou quase assim.

A palavra é, numa só unidade, três coisas distintas — o sentido que tem, os sentidos que evoca, e o ritmo que envolve esse sentido e estes sentidos. Assim a palavra «alma» contém em si como sentido direto a designação da essência mental do homem, distinta, por um lado, da inconsciência do corpo ou dos corpos, por outro da possível superconsciência de uma consciência abstrata universal. Mas à parte isso, a palavra «alma» sugere um grande número de sentidos acessórios, que variam de indivíduo para indivíduo, conforme as preocupações, a cultura e outros elementos que contribuam para a associação de ideias: para um estará inevitavelmente implícito na palavra o sentido secundário de «ânimo», «intensidade de caráter»; para outro o sentido secundário de «espiritualidade», «misticismo»; para um terceiro o sentido secundário de «irrealidade», «intangibilidade». Finalmente, a palavra «alma» tem um som, que constitui o seu ritmo e com que colabora no ritmo formado com as palavras que lhe sejam anexas, com ela formando o texto. É por isto que o mais claro dos textos começa, quando é aprofundado ou meditado por este ou aquele, a abrir-se em divergências de íntimo sentido de um para outro: é que, havendo acordo, em geral, quanto ao sentido direto ou primário da palavra, começa a o não haver quanto aos sentidos indiretos ou secundários. No ritmo de novo os indivíduos se aproximam uns dos outros, salvas diferenças de pronúncia e preferências auditivo-mentais.

Decomposta, assim, em três elementos constitutivos para fins lógicos, não os oferece a palavra distintos na realidade da sua vida; são consubstanciados, e a impressão resultante da palavra, e portanto das palavras dispostas em discurso, provém de uma perceção sintética em que se entrevivem todos três. Isto é importante de notar, sobretudo, quanto à valia e ao alcance do ritmo, que não existe na palavra, como no som, independente e livre, mas preso aos sentidos que a palavra comporta ou sugere. A palavra «César», em si mesma frouxa de som, tem contudo um relevo rítmico em certo modo imperial, porque imperial é a sua origem e a evocação que a memória dela nos traz. Um alinhamento de palavras sem sentido conjunto, ou de pseudo-palavras inventadas com belos sons, não agrada por bem que soe: não é mais que música absurda e postiça.

Lembrados sempre desta consubstanciação e interpenetração dos três elementos da palavra, podemos contudo, sem realizar abstrações, distinguir três tipos de arte literária, conforme se olhe mais ao sentido primário da palavra, aos seus sentidos secundários, ou ao ritmo — ou, mais propriamente, visto ao que acaba de se ver, à projeção no ritmo da vida inteira da palavra.

A arte que vive primordialmente do sentido direto da palavra chamar-se-á propriamente prosa, sem mais nada; a que vive primordialmente dos sentidos indiretos da palavra — do que a palavra contém, não do que simplesmente diz — chamar-se-á convenientemente literatura; a que vive primordialmente da projeção de tudo isso no ritmo, com propriedade se chamará poesia.

[...]

◆

[A arte é a notação nítida]

1. A arte é a notação nítida de uma impressão falsa. (À notação nítida duma impressão exata chama-se ciência).
2. O processo artístico é relatar essa impressão falsa, de modo que pareça absolutamente natural e verdadeira.

Quando Ésquilo fala no «riso inúmero do mar», diz uma coisa pavorosa de todos os pontos de vista, incluindo o quase-gramatical, que se indigna com a justaposição das palavras «riso inúmero».

◆

[Ciência e arte]

A ciência descreve as coisas tal como são; a arte tal como são sentidas, tal como se sente que são.

Science describes things as they are; art as they are felt, as they are felt to be.

♦

[O essencial na arte]

O que é essencial na arte é exprimir; aquilo que se exprime não interessa.

The essential thing in art is to express; what is expressed does not matter.

♦

[Poesia dramática]

A arte é artificial e insincera; a moral é natural e sincera.
O máximo de arte é a poesia dramática — isto é — aquilo que nós não sentimos escrito, do modo que nós não falamos.

♦

[Pensamento e emoção]

Toda a arte se compõe ou de emoções intelectualizadas, ou de pensamentos tornados emoção. Desde que nela surja a emoção, embora grande, desacompanhada de pensamento, ou o pensamento, embora forte, desacompanhado de emoção, falha na sua função de arte; poderá ser emoção, poderá ser pensamento — arte é que não é.

◆

[Arte moral ou imoral]

A questão da arte moral ou imoral — se a arte deve ser «art for art's sake», independentemente da moralidade —, apesar de muito simples de solução, não tem deixado de ocupar desagradavelmente muito pensador, especialmente dos que desejam provar que a arte deve ser moral.

Em primeiro lugar demos inteira razão — é evidente que a tem — aos estetas: a arte tem, *em si*, por fim só a criação da beleza, à parte considerações de ser moral ou não. Se isto é assim, quem manda pois à arte ser moral? A resposta é simples: *a moral*. Manda-o a moral porque a moral deve reger todos os atos da nossa vida e a arte é uma forma da nossa vida. Têm errado aqueles que têm querido achar uma razão, *dentro da própria natureza da arte*, para a arte ser moral. Não existe essa razão onde a procuraram. A arte, *quâ* arte, tem por fim apenas a beleza. A razão que a manda ser moral existe na moral, que é exterior à estética; existe na natureza humana.

A arte tem duas feições: a feição puramente artística e a feição social. A feição artística é criar a beleza — nada mais. Como a beleza é uma coisa independente do consenso humano (apesar de julgada por ele), como a beleza *em si*, digamos, é independente de opiniões, a arte na sua (...) social nenhum outro fim tem que a criação da beleza, sem outra consideração moral ou intelectual.

Mas a arte tem outra feição inalienável à sua natureza.[1] É a feição social. O artista é um homem e um artista. Como puramente artista a sua obra, já o dissemos, tem só um fim — criar a beleza, só uma responsabilidade — perante a Estética. Mas o artista vive em sociedade, *publica* as suas obras de arte. Vive em sociedade como artista e vive em sociedade como homem. Como artista o seu fim é um só: *agradar*. Como homem o seu fim é um só: *obter glória*. Vemos pois que o artista mostra-se-nos sob 3 feições: como puramente artista (não tendo outro fim que criar a beleza), como ao mesmo tempo artista e homem (querendo ver essa beleza que cria admirada), e puramente como homem (desejando a glória, no que é comum em outros homens, geralmente e realmente em todos). O primeiro sentimento é puramente impessoal; o segundo é entre pessoal e impessoal — o desejar ver admirada uma obra de arte, conquanto *sua*, não é inteiramente egoísta; o terceiro é inteiramente pessoal.

Cremos ter dado, nestas palavras, a solução definitiva do problema.

Ora, segundo estas 3 feições do artista, está ele submetido a diversas leis. Como puramente artista nenhuma outra lei tem que não seja a estética. Mas já buscando agradar se tem que submeter a outras leis; a natureza da humanidade é uma só, não se divide em estética, moral, intelectual, etc. Só a Estética personalizada é que poderia apreciar uma obra de arte sob o ponto de vista puramente *estético*. A humanidade não; o amor da beleza é fundamental na sua alma — é certo; mas não só isso reside nela, não só com isso critica e aprecia. Outros elementos entram inevitavelmente nessa apreciação. Um grande poema revolucionário agradará mais a um republicano do que a um conservador, admitindo em ambos, quanto a qualidades críticas, a mesma dose de estética.

Os homens não apreciam só esteticamente, apreciam com toda a sua constituição moral. Por isso coisas grosseiras, impuras, □ lhes desagradam, não à parte estética neles, mas à parte moral que não podem mandar embora de si.

◆

AS ARTES

Há as artes cujo fim é *entreter*, que são a dança, o canto e a arte de representar.

Há as artes cujo fim é *agradar*, que são a escultura, a pintura e a arquitetura.

Há as artes cujo fim é *influenciar*, que são a música, a literatura e a filosofia.

Ora uma arte cujo fim é *entreter*, não podendo derivar a sua força, ou o seu valor, nem do tempo que entretém, porque esse tempo forçosamente tem de ser limitado, nem da qualidade de almas que entretém, porque entreter não envolve um valor — só pode derivar a sua força do *número* de gente que consegue entreter (e, também, da *intensidade* com que entretém?).

Uma arte cujo fim é *agradar* deriva já a sua força, ou o critério do seu valor, não só do número de gente a quem agrada, mas deste número somado à intensidade do agrado que causa. Em vez de valer *extensamente*, como as artes anteriores, vale *intensamente*.

Entreter não comporta intensidade, porque entreter está ligado a variar, variar a não-durar, e o que não dura nunca pode ser muito intenso.

As artes cujo fim é *influenciar*, para influenciarem quantitativamente e qualitativamente, têm que ter qualidades que façam com que se dirijam ao melhor público de um grande número de épocas. Para isso é preciso que tenham qualidades que se dirijam à média superior das almas de várias épocas, no que todas as épocas têm de fundamentalmente comum. O que é isso? As épocas superiores têm de comum, ou as épocas têm de comum nas suas pessoas superiores: (1) a análise psicológica, (2) a especulação metafísica, (3) a emoção *abstrata* (fundamental). [(1) literatura, (2) filosofia, (3) música].

◆

[O valor da arte]

O valor essencial da arte está em ela ser o indício da passagem do homem no mundo, o resumo da sua experiência emotiva dele; e, como é pela emoção, e pelo pensamento que a emoção provoca, que o homem mais realmente vive na terra, a sua verdadeira experiência, regista-a ele nos fastos das suas emoções e não na crónica do seu pensamento científico, ou nas histórias dos seus regentes e dos seus donos.

Com a ciência buscamos compreender o mundo que habitamos, mas para nos utilizarmos dele; porque o prazer ou a ânsia só da compreensão ou são uma atitude pessoal de um indivíduo, ou o † de Browning, que, tendo de ser gerais, levam à metafísica, que é já uma arte.

Deixamos a nossa arte escrita para guia da experiência dos vindouros, e encaminhamento plausível das suas emoções. É a arte, e não a história, que é a mestra da vida.

◆

[As regras clássicas]

[...] Mas uma heresia que é tão cara aos classicistas é aquela confusão que os leva a considerar a sobriedade e a simplicidade como as grandes qualidades clássicas, sobretudo no que diz respeito à dicção e à organização estrófica. É sempre, mesmo nesta crítica reativa, a tendência para tomar o secundário pelo primário. A sobriedade da dicção, a simplicidade da expressão e do pensamento, é óbvio que não são caraterísticas obrigatórias de nenhuma poesia; a poesia não é o consciente ou o intelectual, mas o espontâneo, aquilo que é o domínio da sensibilidade. Como se pode pedir sobriedade na dicção a um poeta que, por natureza, é arrebatado e entusiástico? Como se pode exigir simplicidade de estilo a um poeta que é dotado pela natureza de complexidade de pensamento ou de excessiva subtileza da emoção?

O que é necessário é que o poema, por menos sóbrio que seja nos seus detalhes, por mais complexo que seja no seu arranjo frásico, esteja, nas suas linhas gerais, naquilo em que não é partes, mas em que é um todo, conforme às regras clássicas, que só nesse ponto o implicam, e não nas coisas mínimas. Quem gostaria que Shakespeare fosse menos subtil ou menos complexo na sua dicção e compreensão? Apenas um tolo, ou um francês. Quem repreenderia Donne pela sua magnífica sensibilidade, tão radicalmente decadente e mesclada? Apenas os senhores atrás mencionados. Nós, de facto, chamamos à pedra Shakespeare e Donne. Mas, no caso do primeiro, porque não era capaz de construir um todo ordenado, e, quanto ao segundo, porque escreve sem ver para onde vai, uma vez que ambos aplicaram essas excelentes qualidades de sensibilidade e de pensamento a uma parte da poesia que não é a sua quinta — a parte da poesia que entende o poema como um todo composto de partes, e não como partes que formam um todo.

[...] But the darling heresy of the classicists is that confusion of theirs by which they hold the great classical qualities to be sobriety and simplicity, taking these as referring especially to diction and strophic arrangement. It is always, even in this reactive criticism, the tendency to take the secondary for the primary. Sobriety of diction, simplicity of expression and of thought are obviously no compulsory characteristics of any poetry at all; they do not concern the conscious and intellectual part of it, but the spontaneous part, that which is the province of sensibility. How can sobriety of diction be asked of a poet who is by nature rapturous and enthusiastic? How can simplicity of style be exacted from a poet gifted by nature with complexity of thought or an excessive subtlety of feeling?

What is required is that the poem, however unsober in its details, however complex in its phrasing, shall in its general lines, in what it is not as parts, but as a whole, conform to the classic rules, which touch it there, at that point, and not in minimis. Who would wish Shakespeare to be less subtle or less complex in his diction and in his comprehension? Only a fool or a Frenchman. Who would take Donne to task for his magnificent sensibility, so radically decadent and mixed? Only either of the gentlemen referred to. We do take Shakespeare and Donne to task.

But we take the first to task because he was unable to construct an ordered whole, and the second because he writes without seeing where he is going, because both applied those excellent qualities of sensibility and of thought to a part of poetry which is not their province — the part of poetry that concerns the poem as a whole composed of parts, and not as parts getting themselves a whole.

◆

[O clássico e o romântico]

Um clássico é um homem que se exprime; um romântico é um homem que tem muito de si para exprimir e apenas exprime que tem muito de si para exprimir. É espantoso, por exemplo, quanto de Shelley consiste apenas no que Shelley poderia ter sido se fosse outra pessoa. Mas tudo isto está por filtrar, por sublimar, é um esplendor do virtual, uma luminosa possibilidade verbalizada.

A classic is a man who expresses himself; a romantic is a man who has a lot of self to express and expresses only that he has a lot of self to express[1]. It is astonishing, for instance, how much of Shelley is only what Shelley could have been if he had been somebody else. But it is all unfiltered, unsublimed, a splendour of the virtual, a luminous verbalized possibility[2].

◆

[Romantismo e classicismo]

O movimento literário, a que ordinariamente se chama romantismo, contrapôs-se de três maneiras ao classicismo que o precedera. À estreiteza e secura dos processos clássicos substituiu o uso da imaginação, liberta, quanto possível, de outras leis, que não as suas próprias. À mesquinhez especulativa da arte clássica, onde a inteligência aparece apenas como elemento formativo, e nunca como elemento substancial, substituiu a literatura feita com ideias. À clássica subordinação da emoção à inteligência, substituiu, invertendo-a, a subordinação da inteligência à emoção, e do geral ao particular. Os dois primeiros processos representaram uma inovação, e uma vigorização da arte; o terceiro é puramente mórbido. O mal do século XIX foi que este 3.º elemento penetrou e viciou os outros dois.

Segundo aquele movimento cíclico, que parece ser o de toda a civilização, o romantismo, nos seus dois processos verdadeiramente inovadores, não fez mais que reeditar o helenismo, contra a fórmula clássica, mais latina que grega. Nestes dois pontos, de resto, ele é o continuador daquilo que a Renascença trouxe de novo — mas também de helénico — à literatura da Europa. No que teve de próprio, a substituição da ordem da inteligência e da emoção, o romantismo foi um simples fenómeno de decadência; e foi porque a Renascença não mostrou este terceiro caraterístico, que ela pôde atingir um nível poético mais alto, pois que no romantismo não há Dante nem Milton, tal a falência construtiva de que o novo sistema vinha inquinado.

No seu desenvolvimento, o romantismo, que nasceu mórbido, esfacelou-se. Desintegrou-se nos seus três elementos componentes, e cada um destes passou a ter uma vida própria, a formar uma corrente separada das outras. Da substituição da imaginação ao escrúpulo imitativo nasceu toda a literatura da Natureza que distinguiu o século passado. Da introdução da especulação na substância da arte nasceu toda a literatura realista e □. Da inversão das posições mentais da inteligência e da emoção nasceu todo o movimento decadente, simbolista, e os seguintes.

É claro que estes elementos, embora criassem correntes que podem dizer-se separadas, não estão separados; e a maioria dos cultores das literaturas nascidas dos dois primeiros estão viciados pelo preconceito personalista que é a base mórbida do terceiro.

O século vinte encontrou diante de si, herdado do século que o precedeu, um problema fundamental — o da conciliação da Ordem, que é intelectual e impessoal, com as aquisições emotivas e imaginativas dos tempos recentes.

É impossível resolver este problema, como querem os integralistas franceses, pela supressão de um dos seus termos. É igualmente impossível resolvê-lo aceitando a predominância da emoção sobre a razão, porque, aceite esta predominância, desaparece a ordem, e o problema está por resolver. Evidentemente que há só uma solução: o levar a personalidade do artista ao abstrato, para que contenha em si mesma a disciplina e a ordem. Assim a ordem será subjetiva e não objetiva.

Tornar a imaginação abstrata, tornar a emoção abstrata, é o caminho.

Dramatização da emoção. Os homens da Renascença já a tinham; a sua poesia da emoção é impessoal e humanamente universal.

Emoção do abstrato.

A literatura de fantasia, que irrompeu com os transcendentalistas alemães e seguidamente nos dois grandes poemas de Coleridge. Este elemento é de origem medieval.

Por dramatização da emoção entendo o despir a emoção de tudo quanto é acidental e pessoal, tornando-a abstrata — humana.

♦

[Romantismo e inteligência]

O que a nossa época sente é um desejo de inteligência. O que a desgosta no romantismo é a escassez dos elementos intelectuais, quer diretamente pela escassez, quer pela subordinação deles aos elementos emotivos. O único elemento intelectual notável no romantismo é o da especulação, da reflexão, aparecido naturalmente pela ruína progressiva das influências religiosas. Nisto o romantismo é forte, porque está na grande tradição civilizacional europeia, que é a tradição helénica, do individualismo racionalista.

Por outra parte o romantismo é o *aboutissement* de outra tradição, a cristã; é isso pelo seu emotivismo e subjetivismo.

De novo, o que o romantismo trouxe foi o sentimento, propriamente tal, da Natureza. (A renovação da metáfora e da imagem.)

O «classicismo» decadente, a que o romantismo se seguiu e se opôs, não tinha pensamento, não tinha emoção, não tinha alma. Custa-nos hoje a crer num Delille, nos Árcades. Como, salvo alguns versos, pesam hoje sobre nós tedientamente «The Traveller», «The Deserted Village», «Retaliation»![1]

O fim do classicismo teve talento só na sátira, na poesia social, no género de que os *vers de société* são uma espécie.

Quanto maior a subjetividade da Arte, maior tem que ser a sua objetividade, para que haja equilíbrio, sem o qual não há vida, nem, portanto, vida ou duração da mesma arte.[2] Como o romantismo tinha mais emoção, tinha que ter mais pensamento; como tinha mais subjetividade, tinha que ter mais objetividade.

(Álvaro de Campos : A nossa época está farta de inteligência. A inteligência é infecunda e, prova-o a ciência, secundária. As filosofias irracionalistas.)*

---

* Apontamento escrito a lápis, em jeito de resposta a Fernando Pessoa.

◆

[Romantismo e individualismo]

O verdadeiro perigo do romantismo é que os princípios, por que se rege ou diz reger, são de natureza a que os possa invocar qualquer, para conferir a si próprio a categoria de artista. Tomar a ânsia de uma felicidade inatingível, a angústia dos sonhos irrealizados, a inapetência ante a ação e a vida, como critério definidor do génio ou do talento, imediatamente facilita a todo o indivíduo que sente aquela ânsia, sofre daquela angústia, e é presa daquela inapetência, o convencimento de que é uma individualidade interessante, que o Destino, fadando-a para aquelas ânsias, aqueles sofrimentos, e aquelas impossibilidades, implicitamente fadou para a grandeza intelectual.

Na teoria clássica não era assim. O discípulo dos antigos apoiava a sua crença em que era poeta em faculdades de construção e de coordenação, em uma disciplina interior que não é tão fácil a qualquer presumir, para si mesmo, que possui. Não é tão fácil, em relação às pretensões que são a base do romantismo, do sentimento romântico. Há basta gente que pode crer-se, falsamente, dotada de qualidades construtivas em arte; mas toda a gente, e não alguma, pode julgar-se artista, quando as qualidades fundamentais exigidas são um sentimento de vácuo nos desejos, um sofrimento sem causa, e uma falta de vontade para trabalhar —

caraterísticos que mais ou menos todos possuem, e que nos degenerados e nos doentes do espírito assumem um relevo especial.

Não é no estímulo que dá ao individualismo que o perigo romântico consiste; consiste, sim, no estímulo que dá a um falso individualismo. O individualismo não é necessariamente falso; quando muito, é uma teoria moral e política. Mas há uma certa forma do individualismo — como há uma certa forma do classicismo — que é com certeza falsa. É a que permite que o primeiro histérico ou o mais reles dos neurasténicos se arrogue o direito de ser poeta pelas razões que, de per si, só lhe dão o direito de se considerar histérico ou neurasténico.

Quando um poeta romântico canta, lamentando-se, a eterna imperdurabilidade das coisas, faz uso legítimo de um sentimento bem humano. Quando, do fundo da sua dor, sofrendo pelo contacto com a humanidade, apela para a grande Natureza e para o seu constelado repouso, faz uso legítimo de uma emoção que, sendo velha como a humanidade, nem sempre serviu de tema poético.

A ruína de uma vida simples, ou de uma vida reles, é tão trágica como a ruína de uma vida grande, ou de uma vida nobre; mas isso é vistas de fora, não de dentro. A ruína de uma alma reles não pode ser grande para a alma reles, porque ela é uma alma reles.

◆

[O trabalho do poeta moderno]

O domínio da poesia moderna parece-me duplo, segundo consideramos o seu material ou a forma que molda esse material.

É o trabalho de todo o poeta moderno alargar, complicar e intelectualizar a sua sensibilidade, de modo a tornar-se, tão completamente quanto possível, um *résonateur* de todas as forças do universo, da vida e da mente. O palácio da sua inspiração deve ter janelas abertas nas suas quatro paredes, olhando quer para o Norte do Misticismo, quer para o Este da Simplicidade, quer para o Oeste da Decadência ou para o Sul da vida sempre renovada.

Existem três razões pelas quais deve ser assim. A nossa era é aquela em que, à subjetividade inicial criada pela atitude cristã, foram acrescentados o impulso pagão da Renascença, o Individualismo do Século Dezanove, e as correntes cruzadas e forças acrescidas que o desenvolvimento do comércio e da indústria impôs ao Vinte[1].

Além disso, a nossa era é aquela em que a civilização não só se aprofundou na alma mais do que em outras, mas também se expandiu no mundo: nós somos a primeira civilização realmente cosmopolita que o mundo já viu, pelo aumento das possibilidades de comunicação e intercâmbio, e as outras facilidades, neste caso mentais e espirituais, que resultaram desse mesmo intercâmbio, ligaram de um modo surpreendente nações e povos tão separados quanto a terra pode se separar. Todo o mundo é agora a Europa, e a Austrália é-o mais do que a maioria das aldeias europeias. A ferrovia, o navio a vapor, o telégrafo e as invenções sem fio lançaram a sombra das suas linhas na nossa mente, e uma telepatia se desenvolveu entre todos os povos do mundo; tornámo-nos membros naturais de uma maçonaria da sensibilidade cujo símbolo é a Eletricidade.

Em qualquer rua de Londres se encontra o mundo inteiro.

E, mais do que isto, não só as facilidades de comunicação tornaram o mundo menor e a terra inteira uma grande cidade, *civitas Dei* na terra do Diabo, mas o crescimento da cultura e da curiosidade e o aumento da investigação acumularam todos os tempos passados na própria consciência do presente. Respirações desconhecidas, nunca antes deixadas sair da caverna de Éolo das civilizações passadas, tiveram curso livre em todo o mundo. As glórias mortas, e alguma coisa do folclore eterno, dos egípcios e dos caldeus, dos antigos chineses e dos soterrados antepassados do Peru, chegaram até à nossa visão mental, como se, mesmo a partir de uma linha remota do horizonte, os nossos olhos se tivessem tornado capazes de os examinar. Todas essas coisas, imprimindo-se na nossa sensibilidade, têm de ampliá-la, complicá-la e intercriticá-la. O homem que recusasse ser recetivo a isto entraria no convento de si mesmo, auto-sequestrado da sua multímoda era.

Apenas apareceu um poeta, Walt Whitman, com uma sensibilidade suficientemente grande para acolher as disposições passivas da mente diante deste mundo ampliado. Mas faltava-lhe o elemento que devia controlar esse excesso de sentimento do exterior, reduzindo-o àquela unidade que é própria de tudo o que seja uma personalidade capaz de se impor às suas impressões.

E é por estas considerações que chegamos ao outro elemento, o formal, na poesia de hoje.

O fenómeno chamado balanço, ou equilíbrio, é representado da maneira mais precisa possível, quando lidamos com a vida — que é dinâmica, não estática, e não pode ser comparada a um corpo perfeitamente imóvel — pela oscilação de um pêndulo. E a coisa essencial nessa oscilação, e a natural, é que ela chegue tão longe numa direção quanto na direção oposta. O aumento da sensibilidade, o incremento da recetividade deve então ser corrigido, balanceado e unificado por um crescimento nas faculdades que constituem a inibição e o autocontrole. Uma sensibilidade que as circunstâncias do tempo e do lugar obrigam a ser tão mais rica que a grega deve ser refreada por um controle intelectual muito mais forte que o grego, que já era muito forte. O aumento do ritmo do corcel que nos leva ao futuro deve ser equilibrado por um aperto mais forte nas rédeas que o guiam. Se vamos ser arrastados, vamos ser por nós arrastados.

O grande pecado da civilização cristã é que, embora tenha constantemente valorizado os elementos passivos da mente, minou concomitantemente os ativos; assim, a nossa capacidade acrescida de sentir e analisar não foi acompanhada por uma capacidade igualmente acrescida de pensar e sintetizar. Não é crescimento, é apenas aumento. Não é desenvolvimento, mas decadência. Toda a civilização cristã, assim que emergiu de ser bárbara, logo saltou para decadente. As naturezas simples são mais fáceis de corromper.

O fenómeno monstruoso chamado Shakespeare é típico dos resultados intelectuais da civilização cristã. O homem com a maior sensibilidade do mundo era incapaz de autodisciplina e autocontrole, não conseguia criar um todo ordenado. O maior poeta do mundo antigo era também o seu maior artista. O maior poeta do mundo moderno é um dos seus menores artistas.

The province of modern poetry seems to me to be twofold, accordingly as we consider its matter or the form that shapes that matter.

It is the task of every modern poet to extend, complicate and intellectualize his sensibility, to become, as completely as possible, a *résonateur* for all the forces of the universe, of life, and of the mind. The palace of his inspiration should have open windows on all four walls, whether looking to the North of Mysticism, to the East of Simplicity, to the West of Decadence, or to the South of ever-growing Life.

There are three reasons why this should be so. Our age is one in which, to the initial subjectivity created by the Christian attitude, there have been added the pagan impulse of the Renascence, the Individualism of the Nineteenth Century, and the cross-currents and swelling forces which the growth of commerce and of industry have thrust upon the Twentieth.

Besides this, our age is one in which civilization has not only thus gone deeper into the soul than in others, but it has gone wider in the world: we are the first really cosmopolitan civilization that the world has seen, for the increased facilities for communication and intercourse, and the further facilities, mental now and spiritual, which have resulted from that very intercourse, have linked to an astonishing degree nations and peoples separate as far as earth can separate. All the world is Europe now, Australia more so than most European villages. The railway, the steamship, the telegraph and the wireless inventions have thrown the shadow of their lines into our minds, and a telepathy has grown up among all the peoples of the world; we become open members of a freemasonry of sensibility whose symbol is Electricity.

In any London street you meet the whole world.

And, further than this, not only have the facilities of communication made the world smaller and all the earth a large city, *civitas Dei* in the Devil's land, but the growth of culture and of curiosity, the increase of investigation, has packed all past times into the consciousness of the present. Unknown breaths, unreleased as yet from the Aeolus' cave of past civilizations, have been let free upon the world. The dead glories, and something of the ever-living lore, of the Egyptians and of the Chaldeans, of the old Chinese and of the buried ancestors of Peru, have come into our mental vision, as if from over a remote line of a horizon our eyes grow quick to examine. All these things, impinging upon our sensibility, must widen it, complicate it and intercriticize it. The man who would limit his receptivity to this goes into the convent of himself, self-sequestered from his multiplied age.

Only one poet, Walt Whitman, has appeared with a sensibility large enough to embrace the passive opportunities of the mind before this enlarged world. But he lacked the element that should control this excess of feeling things, and reduce it to that unity that is the province of anything that is a personality to impose upon its impressions.

And by these considerations we arrive at the other element, the formal one, in the poetry of today.

The phenomenon called balance, or equilibrium, is [in] no way so finely represented, when we deal with life — which, being dynamic, not static, cannot be compared to a perfectly still body — than by the oscillation of a pendulum. It is the very essential thing in this oscillation, and the natural thing, that it should go as far in one direction as in the opposite one. The growth of sensibility, the increase of receptivity must then be corrected, balanced and unified by an increase in the faculties which constitute inhibition and self-control. A sensibility which circumstances both of time and of place compel to be so much richer than the Greek one must be reined in by a controlling intellect far stronger than the Greek one, which was very strong. The increased pace of the courser that leads us to the Future must be balanced by a tighter hold on the reins that guide it. If we are dragged along, let us be self-dragged along.

The great sin of Christian civilization is that, while it has constantly increased the passive elements of the mind, it has concomitantly undermined the active ones; that our increased ability to feel and analyze has not been accompanied by an equally increased ability to think and synthesize. This is not growth, it is merely increase. It is not development, but decadence. All Christian civilization, when it emerged from being barbarian, jumped at once into being decadent. Simple natures are easiest corrupted.

The monstrous phenomenon called Shakespeare is typical of the intellectual results of Christian civilization. The man who is the greatest sensibility in the world was incapable of self-discipline and self-control, could not create an ordered whole. The greatest poet in the ancient world was also its greatest artist. The greatest poet in the modern world is one of its least artists.

◆

[Prefácio a *ACRÓNIOS*]*

O progresso da poesia, isto é, o das formas poéticas — pois da mesma poesia, que é a verdade viva, não pode haver progresso, nem Homero foi ainda superado —, obedece àquela dura lei a que todo progresso obedece; em outras palavras, é um caso particular de um fenómeno geral. Designa-

* Publicado como prefácio ao livro de Luís Pedro, *Acrónios*, Lisboa, 1932.

-se por progresso a aquisição de uma coisa que é uma vantagem social por meio da perda de outra coisa, que era uma vantagem social também. É caso típico o da formação da Europa moderna: surgiu através da criação, diversa e colorida, das nacionalidades distintas; resultou na perda do influxo romano e do uso universal da língua latina, pelos quais as nações de Europa tinham naturalmente a fraternidade que hoje se busca em vão, porque artificialmente.

As formas poéticas, adentro da nossa civilização — isto é, da Grécia até nós —, atravessaram três estádios distintos: o estádio quantitativo, da poesia grega e latina, em que o ritmo se fundava na quantidade das sílabas, pressupondo e exigindo uma exatidão e musicalidade de dicção e pronúncia que hoje nem sequer concebemos; o estádio silábico, em que o número das sílabas no verso, a acentuação, e artifícios como a rima e a estrofe rimada faziam por compensar a perda da antiga precisão quantitativa; o estádio rítmico, em que se não cura de quanto seja regra, ou o pareça, mas se reduz a poesia, tão-somente, a uma prosa com pausas artificiais, isto é, independentes das que são naturais em todo discurso e nele se indicam pela pontuação.

Cada estádio, ou, antes, cada forma pela qual cada estádio se distingue, tem, como tudo, vantagens e desvantagens. A poesia quantitativa, apertadíssima, obrigava todavia a uma disciplina verbal de tal ordem que se refletia no mesmo pensamento; por isso a poesia grega e latina é de uma notável clareza e limpidez. A poesia silábica, menos apertada, se dissolve a disciplina do pensamento, mantém contudo a da emoção; é preciso sentir claro, por obscuro que se pense, para lançar equilibradamente o movimento estrófico, alinhando e rimando. A poesia rítmica nem disciplina a inteligência nem a emoção, a não ser que estas estejam disciplinadas em, e por, si mesmas; segue, porém, todos os movimentos do espírito, como a sombra os do corpo, mas, como esta, se nos não precavermos no onde estamos, com grandes e desmedidas distorções. A primeira estorva a emoção em proveito do pensamento; a segunda estorva o pensamento em proveito da emoção; a terceira a ambos estorva, ou tende a estorvar, em proveito do que, transcendendo pensamento e emoção, é a mesma individualidade.

É regra de toda a vida social que, quanto mais liberdade nos é dada, menos podemos dar a nós mesmos. Se me fecharem num subterrâneo, tenho liberdade de fazer muita coisa sem risco de cair do telhado abaixo. No telhado, em pleno ar livre, tenho que ver melhor onde ponho os pés. A vantagem e desvantagem da poesia rítmica, ou livre, é que ela exige de nós que nos disciplinemos com uma força e uma segurança que as poesias menos livres nos não exigiam, pois elas mesmas tinham em si com que disciplinar-nos. Isto é vantagem porque a disciplina assim adquirida é mais íntima e profunda; é desvantagem porque é muito mais difícil de adquirir.

[...]

♦

[O tradutor invisível]

A virtude principal da literatura — o não ser música — é ao mesmo tempo o seu principal defeito. Tem que ser composta e expressa em uma língua qualquer. Tem, portanto, por mais largamente que essa língua seja falada ou conhecida, que se não dirigir plenariamente à maioria do género humano. Aquilo por onde é mais explícita que qualquer outra arte, por isso mesmo é menos universal que ela.

Ocorre, pois, perguntar por que processo, em literatura, é alguém universalmente célebre, como, ainda que poucos, há relativamente tantos que o são; por que processo são célebres no espaço, e sobretudo no espaço e no tempo, quando forçosamente, e mormente na poesia, que é a espécie literária mais alta, nenhuma tradução, supondo que existe, pode dar conhecimento da obra em sua completa e verdadeira vida.

Porque o certo é que, a maioria de nós, não mentimos nem fingimos quando, ignorantes do grego, sofremos o entusiasmo de Homero, ou, hóspedes e peregrinos no latim, temos o culto de Horácio ou de Catulo. Não mentimos nem fingimos; pressentimos. E esse pressentimento, feito de não sei que misto de intuição, de sugestão e de entendimento obscuro, é uma espécie de tradutor invisível, que acompanha pelas eras fora, e torna universal como a música, a arte dada em linguagem, esse produto de Babel, com cuja queda o homem pela segunda vez caiu.

O que há de mais alto neste mundo fala, quer queira quer não, uma linguagem simbólica, entendida por poucos com a verdadeira chave hermética, a inteligência, entendida por mais com o instinto de que há que entender, que é a intuição. São os primeiros, para o caso da obra literária, os que conhecem como naturais a língua em que ela está escrita; são os segundos os que a não conhecem assim, ou de todo a não conhecem, mas que, não conhecendo a língua, conhecem todavia a obra.

Mas há mais, e mais estranho. Podemos, por intuição, ou o que quer que seja, figurar-nos a alma e a vida de uma obra poética de que não conhecemos nada, ou, no melhor, não conhecemos mais que uma tradução em prosa, que é outra forma, mais complicada, do mesmo nada. Muitos de nós, porém, nos figuramos, com razoável exatidão, a alma e a vida de obras que nunca lemos, por vagas reminiscências de referências, por obscuras e casuais alusões, ou de obras, ainda, em idiomas estranhos, e de que não há, ou pelo menos nunca lemos, tradução em idioma que no-lo não seja. Aqui o tradutor invisível opera invisivelmente. Já não intuicionamos: adivinhamos. É como se houvesse em nós uma parte superior da alma que soubesse por condição todos os idiomas e tivesse lido por natureza todas as obras.

Afinal, que é uma obra literária senão a projeção em linguagem de um estado de espírito, ou de uma alma humana? E essa obra é o símbolo vivo da alma que a escreveu, ou do momento dessa alma — uma pequena alma ocasional — que a projetou. Por que não haverá de alma para alma uma comunicação oculta, um entendimento sem palavras, pelo qual adivinhemos a sombra visível pelo conhecimento do corpo invisível que a projeta, e entendemos o símbolo, não por o conhecermos visto, mas por sabermos aquilo de que é símbolo?

Quem sabe, até, se em qualquer estado antenatal, não vimos frente a frente a obra em seu espírito, que não no corpo verbal que aqui tem; que, ouvindo aqui só falar nela, desde logo sabemos de que se trata, na sua verdadeira essência e vida; e que, pois, lendo mal, ou nem sequer lendo, não é em nós suscitado, não um entendimento, ainda que intuitivo, mas uma funda e subtil recordação?

Quem sabe, ainda, se, nesse estado antenatal, livres ainda do espaço e do tempo, não vimos já tudo, aqui hoje passado ou aqui hoje futuro, *sub specie aeternitatis*; e assim, se pudermos despertar em nós essa anamnese, não estamos hoje, nós mesmos nossos tradutores invisíveis, senhores inconscientes das obras ainda por nascer no decurso futuro do mundo?

Não sorrio por isso — ou, melhor, não sorrio sempre, nem prontamente — dos que me falam de Shakespeare sem que saibam o inglês — e escolho Shakespeare para exemplo porque ele é dos poetas mais fielmente casados com a índole e as possibilidades do idioma em que compôs, e, como bom marido, com as maneiras e formas de enganar esse idioma. Não sorrio. Quem sabe se, em qualquer incarnação anterior, o que me fala não conheceu Shakespeare como aqui foi, não falou com ele como aqui falou, e não está sendo, sem que ele ou eu o saiba, o tradutor invisível de um grande amigo ignorado?

♦

[Sentido e ritmo]

Um poema é uma obra literária em que o sentido se determina *através* do ritmo. O ritmo pode determinar o sentido inteira ou parcialmente. Quando a determinação é inteira, é o ritmo que talha o sentido; quando é parcial, é no ritmo que o sentido se precisa ou precipita. Na tradução de um poema, portanto, o primeiro elemento a fixar é o ritmo.

♦

[A arte da tradução]

Não sei se alguém já escreveu uma História das Traduções. Seria um livro volumoso, sem dúvida, mas muito interessante. Tal como uma História dos Plágios — outra possível obra-prima que aguarda o seu autor — ela transbordaria de ensinamentos literários. Há uma razão pela qual uma coisa suscita a outra: uma tradução é apenas um plágio feito em nome do autor. O conjunto ficaria completo com uma História das Paródias, pois uma tradução é uma paródia séria noutra língua. Os processos mentais envolvidos na paródia são os mesmos que os envolvidos na tradução competente. Em ambos os casos, há uma adaptação ao espírito do autor com uma finalidade que não existia no autor; num caso, o objetivo é o humor a partir de um autor sério, no outro, uma língua quando o autor escreveu noutra. Alguém será alguma vez capaz de parodiar um poema um humorístico com um poema sério? Não se sabe. Mas do que não há dúvida é que muitos poemas — até mesmo grandes poemas — teriam todas as vantagens em ser traduzidos na própria língua em que foram escritos.

Isto leva-nos ao problema de saber se é a arte ou o artista que importa, o indivíduo ou o produto. Se o que importa é o resultado final, se é isso que deve deleitar, então estaremos justificados ao tomar um poema menos perfeito dum poeta famoso, e, à luz da crítica duma outra época, torná-lo perfeito por corte, substituição ou adição. A «Ode on Immortality» de Wordsworth é um grande poema, mas está longe de ser um poema perfeito. Ganharia com toda a certeza em ser remodelado.

O único interesse das traduções é quando são difíceis, isto é, de uma língua para outra muito diferente, ou de um poema muito complicado para uma linguagem que dele se aproxime muito. Não tem graça nenhuma traduzir, digamos, do espanhol para o português. Quem seja capaz de ler uma destas línguas está imediatamente apto para ler a outra, pelo que a tradução parece ser desnecessária. Mas traduzir Shakespeare numa das línguas latinas seria uma tarefa muito estimulante. Duvido que isso possa ser feito em francês; será difícil fazê-lo em italiano ou em espanhol; o português, sendo a mais flexível e complexa das línguas românicas, poderia consentir na tradução.

I do not know whether anyone has ever written a History of Translations. It should be a long but very interesting book. Like a History of Plagiarisms — another possible masterpiece which awaits an actual author — it would brim over with literary lessons. There is a reason why one thing should bring up the other: a translation is only a plagiarism in the author's name. A History of Parodies would complete the series, for a translation is a serious parody in another language. The mental processes involved in parodying well are the same as those involved in translating competently. In both cases there is an adaptation to the spirit of the author for a purpose which the author did not have; in one case the purpose is humor, where the author was serious, in the other one language, when the author wrote in another. Will anyone one day parody a humorous into a serious poem? It is uncertain. But there can be no doubt that many poems — even many great poems — would gain by being translated into the very language they were written in.

This brings up the problem as to whether it is art or the artist that matters, the individual or the product. If it be the final result that matters and that shall give delight, then we are justified in taking a famous poet's all but perfect poem, and, in the light of the criticism of another age, making it perfect by excision, substitution or addition. Wordsworth's "Ode on Immortality" is a great poem, but it is far from being a perfect poem. It could be rehandled to advantage.

The only interest in translations is when they are difficult, that is to say, either from one language into a widely different one, or from a very complicated poem though into a closely allied language. There is no fun in translating between, say, Spanish and Portuguese. Anyone who can read one language can automatically read the other, so there seems also to be no use in translating. But to translate Shakespeare into one of the Latin languages would be an exhilarating task. I doubt whether it can be done into French; it will be difficult to do into Italian or Spanish; Portuguese, being the most pliant and complex of the Romance languages, could possibly admit the translation.

II.
PERSPETIVAS HETERÓNIMAS

António Mora

[A renovação da arte]

A arte é a interpretação individual dos sentimentos gerais. Se é a interpretação de sentimentos só *individuais*, não tem base na compreensão alheia. E deixa de ter um limite. Porque sendo sem número os sentimentos individuais, não se pode nunca definir o que é arte, ou o que não é arte, dado que cada qual traz a sua arte consigo.

O romantismo, no fundo, é uma confissão de falência. Longe de ter sido uma renovação da arte, foi uma incapacidade de a renovar. Tinham-se gasto as fórmulas clássicas? Não se tinham gasto as fórmulas clássicas. O que se tinha gasto era a inspiração dentro delas. Para encontrar uma nova inspiração, foi mister saltar fora das regras. Por isso disse que o romantismo — pois que é uma incapacidade de trabalhar dentro de limites — é uma incapacidade de renovação artística.

O único modo de renovar a arte é substituir um conceito do universo a outro. Para isso não há mister alterar as formas clássicas da arte. *Basta alterar o que se exprime, para a expressão quedar alterada.* O romantismo é uma tentativa de reformação da arte *de fora para dentro, em vez de dentro para fora.*

Se repararmos em quais são as coisas essenciais da poesia, facilmente nos convenceremos de que são coisas em que não é preciso tocar para reformar a arte. Uma é a construção. Outra é a *Weltanschauung*.

◆

António Mora

[Arte e perfeição]

Na Grécia a ciência não estava desenvolvida ao ponto de permitir à arte grega toda a expansão que estava latente na lógica dos seus íntimos princípios.

O fim da arte é imitar perfeitamente a Natureza. Este princípio elementar é justo, se não esquecermos que imitar a Natureza não quer dizer copiá-la, mas sim imitar *os seus processos*. Assim a obra de arte deve ter os caraterísticos *de um ser natural*, de *um animal*; deve ser perfeita, como são, e cada vez mais o vemos quanto mais a ciência progride, os seres naturais; isto é, deve conter quanto seja preciso à expressão do que quer exprimir e mais nada, porque cada organismo, ou cada organismo considerado perfeito, deve ter todos os órgãos de que carece, e nenhum que lhe não seja útil. Assim, reparemos, a ideia de perfeição não é, como Platão, o grego decadente, julgava, uma ideia vinda do ideal; a ideia de perfeição nasce da contemplação das coisas, da Matéria, e da perfeição que a Natureza põe nos seres que produz, em que cada órgão, tecido, parte ou elemento existe para o Todo a que pertence, em relação ao todo a que pertence, e *pelo* Todo a que pertence. Assim deve ser a obra de arte. O passo discutido de Aristóteles, de que a obra de arte é comparável a um animal, deve sem dúvida ter este sentido.

Demais sabe, e contra seu agrado, o criador de arte que sua obra qualquer não pode ter a perfeição da Natureza, de um ser dos que a Natureza produz. Ele, porém, busca aproximar-se o mais possível. O mito de Pigmalião e Galateia mostra que o grego compreendeu a dor de a arte nunca poder chegar à vida, por não poder criar a vida verdadeiramente. O conceito, em aparência inferior, dos deuses pagãos semelhantes aos homens, é, em verdade, superior ao conceito platónico e depois cristão, mas já antes vindo de civilizações inferiores e orientais, de que Deus o criador é uma entidade abstrata. O politeísmo helénico é o reconhecimento de que os seres são semelhantes a obras de arte, de que toda a criação é do mesmo género, e só a diferença enorme que vai de homens para deuses marca a diferença enorme que vai de só poder criar morte e poder criar vida. No fundo, ambos os fenómenos são erros, ingenuidades, como todos os fenómenos religiosos; mas o politeísmo grego é um avanço sobre o grosseiro espiritualismo, idealismo, transcendentalismo, ocultismo, dos índios e dos judeus, que Platão, na hora de decadência da Grécia, havia de reconstituir desnacionalizadamente aliás. Platão foi um dos grandes inimigos da Grécia. Aristóteles não pôde destruir o mal que ele fez. No próprio peripatético há laivos da corrupção espiritualista e idealista do que, afinal, foi seu mestre. Sócrates foi, na verdade, o chefe dos sofistas; na verdade foi inimigo da Pátria. Sua morte foi bárbara decerto, porque foi morte, mas não injusta.

Como é que a ideia de Perfeição podia vir do Ideal se esse Ideal é da matéria informe do espírito, se esse Ideal a si próprio se não pode definir? Como é que ela seria uma ideia vinda do Ideal se a Grécia foi pátria da ideia de perfeição, e, ao mesmo tempo, o país materialista e atento às coisas por excelência?

◆

António Mora

[O simples e o complexo]

Se nós víssemos que, a par da sua complicação da expressão, da sua desorganização da nitidez, os românticos e os simbolistas tinham progredido também, em complexidade e complicação paralelas, na estrutura geral das suas obras, nós concederíamos de bom grado que a sua obra constituía um progresso. Mas nós vemos que eles exacerbam uma cousa — a expressão, o sentimento — sem ao mesmo tempo aperfeiçoarem o que a inibe: o poder de ligação, de concatenação, de construção harmónica da obra. Aí não só não avançam, senão que recuam. Fica (nos) sendo lícito que duvidemos, desde logo, do caráter progressivo da sua inovação. Que se queira apresentar a obra romântica como o trémulo primeiro passo para um avanço sobre a clássica — isso entender-se-ia já, mas não seria um elogio absoluto e como um romântico o apreciaria.

A arte não é simples nem complexa. A natureza da obra artística é a perfeição, e a perfeição não está ligada necessariamente, nem à ideia de simplicidade, nem à ideia de complicação. Uma coisa perfeita é uma coisa a que não falta nada, ou, tomando os termos no sentido relativo que têm de comportar, se hão de ser aplicados à humana relatividade, uma coisa a que nada pareça faltar. Esta definição, por certo incontrovertível, do Perfeito, mostra quão pouco ele envolve de relação quer com o simples, quer com o complexo. Para certos feitios, o simples, só por ser simples, parece ser perfeito; outros há para quem o complexo, só por ser complexo, indica perfeição. Nem uns nem outros estão dentro de um justo senso das coisas. O simples, isto é, o que visa a conter pouco, dificilmente pode afastar-se muito da perfeição que procura. Ao complexo, porque inclui muitas coisas, não é fácil ver que muito falte. O certo, porém, é que, se uns buscaram a simplicidade, e outros a complexidade, nenhum buscou a perfeição.

Em verdade, pertencem a duas feições de espíritos estas procuras, que as entrediferençam, da simplicidade por uns, e da complexidade por outros. Os espíritos objetivos e atentos, seja isso um sinal de feição espiritual ou apenas de simpleza de ânimo, procuram naturalmente a simplicidade. Os espíritos subjetivos e desatentos, seja porque lhes abundem as ideias, seja porque lhes falte a disciplina delas, tendem naturalmente para a expressão complexa. Uns e outros pecam por demasiada consulta das suas próprias tendências, e somenos atenção às exigências propriamente da Arte.

Mas qual é, enfim, o sinal dessa perfeição de que se fala? Como a Arte é uma expressão de nossos sentimentos, a perfeição na arte será, na expressão de um sentimento, *a expressão de tudo quanto ele contém, mas de mais nada*. O defeito capital dos românticos é exprimir mais do que um sentimento contém; dizer não só o que ele contém senão muitas vezes também o que ele apenas lembra, em que ele faz pensar. Defeito é este que nos simbolistas se agravou até à lástima.

Certos processos artísticos são, de si, maus, porque induzem neste género de erro. Assim a rima que leva o espírito a encontrar coisas que estão longe do assunto sentimental que o provocou à escrita — coisas que podem ser belas, mas que não são belas conjuntamente com outras belas também, como não seria belo num templo grego a pompa bárbara de uma procissão católica; nem, conversamente, na solenidade e tristeza de uma catedral estaria em seu género de beleza um sátiro ou uma ninfa.

Ricardo Reis

[A poesia metafísica]

A poesia metafísica é ilegítima. Como assim se a metafísica é legítima, e a poesia é um produto intelectual, como o é a metafísica? Porque a poesia não é um produto *exclusivamente* intelectual. Baseia-se no sentimento, ainda que se exprima pela inteligência. A inteligência deve servir-lhe apenas para interpretar o sentimento. Tudo o mais é, ou pensar com o sentimento, ou sentir com a inteligência. Pensar com o sentimento, sentir com a inteligência — qualquer destas coisas é doentia.

De mais a mais, «poesia metafísica» é poesia religiosa. De modo que não só temos persistência do elemento doentio «religião», mas temo-lo a invadir um novo campo, a arte, piorando.

Não quero pretender que a *sugestão* se exclua da poesia. O mistério mais facilmente se sente quando *sugerido* do que quando *dito*. Mas só o mistério deve ser sugerido.[1]

Ricardo Reis

MILTON MAIOR DO QUE SHAKESPEARE

(1) Uma epopeia é mais difícil de escrever — e portanto maior — do que um drama. Ninguém diz que o *Rei Lear* seja maior do que o *Paraíso Perdido*; o que se diz é que a soma da obra, e sobretudo das tragédias, de Shakespeare, é mais que aquela epopeia.

Vejamos se isso pode ser:

Equivale a dizer que várias obras perfeitas, de género inferior, equivalem a uma obra de género superior *tão bem feita*. Isso é inadmissível, porquanto o que anda envolvido na criação poética são certas qualidades de inspiração e criação. Sendo assim, essa afirmação equivaleria a dizer que várias manifestações magníficas de uma habilidade, ou talento, de género inferior, valem o mesmo, ou mais, que uma só manifestação igualmente magnífica de género superior. O que é manifestamente absurdo. O mais que isso prova é *abundância* num género; além disso, prova, quando muito, que esse género é inferior visto que se pode ser abundante nele.

O talento de um autor, de resto, está na sua maior obra, não no número de obras que escreve.

(2) Mas nem esse caso se dá. Como epopeia, o *Paraíso Perdido* é mais perfeita do que como dramas são os dramas de Shakespeare. A obra de Milton é, além disso, integralmente e sempre perfeita. A de Shakespeare não o é. Por isso se vê que, além de ser maior do que Shakespeare como *cria-*

dor, como construtor, Milton é maior como *artista*, porque conserva o nível de perfeição mais do que Shakespeare, porque só publicou □ quando atingiu o estado de obra-perfeita a sua obra.

(3) A obra de Milton é muito menos popular, muito menos lida, muito menos agradável do que a de Shakespeare. Isto, que parece vir contra mim, prova precisamente a minha tese. Quanto mais perfeita artisticamente uma obra é, menos é popular. A circunstância de que um operário inglês pode ler com agrado a obra de Shakespeare é contra Shakespeare. O que é que se lê com mais *agrado* — Flaubert ou Dickens? O maior artista dos homens, fora de pose, lê Dickens com mais agrado do que a Flaubert — como tantas vezes ouvimos mais agradados a conversa de um tolo simpático do que a de um génio antipático, por vazia e prosaica que seja uma e toda faíscas a outra.

(4) Há só um argumento a apresentar: a obra de Shakespeare é mais complexa do que a de Milton. Não é mais complexa no sentido artístico, porque isso torná-la-ia mais difícil, e vimos já que não o é; porque isso equivaleria a dizer que ela é mais difícil de construir.

É então mais complexa no sentido psicológico? Sem dúvida. Mas o que há de mais complexo no sentido psicológico é o romance, onde se tem de amontoar detalhes □ — olhar o psiquismo apresentado de fora e de dentro, de todos os lados. E o romance não é superior ao drama, pela precisa razão que o drama é *mais difícil* de escrever que o romance, sendo só menos difícil que a epopeia.

Ou então a obra de Shakespeare *contém* mais coisas — outras que psicológicas — do que a de Milton? Mas a de Goethe contém mais que a de Shakespeare, e Goethe não é superior a Shakespeare. Porquê? Porque constrói pior. E o *Fausto* tem sobre qualquer drama de Shakespeare as vantagens de conter mais ideação *romântica*, mais intuição de mistério, mais *simbolismo*.

Como «representativo», Shakespeare é igualmente inferior a Milton. A Renascença veio dar na Reforma. O mais representativo, portanto, do valor, da *direção* e da tendência do seu tempo é o poeta que representa a *Reforma*. Esse poeta é Milton. Por ser tão representativo, de resto, é que ele é, *naturalmente*, tão grande.

É preciso ser um doutor para preferir Shakespeare a Milton. Tolstoi, apesar de um pobre degenerado, incapaz de produção artística em conta de estável e duradoura — exceto aos olhos daltónicos dos modernos — viu qualquer coisa claro neste assunto. Não muito, mas o infeliz fez o que pôde.

◆

Álvaro de Campos

RITMO PARAGRÁFICO

Tudo quanto é artificial no verso — a rima, o metro, a estrofe — é principalmente nocivo secundariamente. Não é tanto o mal que faz a rima, o metro, ou a estrofe em serem em si mesmas artificiais. O mal é que desviem a atenção da emoção ou do pensamento, criam novos pensamentos, e assim interrompem o que originalmente se pensaria.

Todos quantos escreveram em metro, em rima ou em estrofe, sabem que esses elementos regulares sugerem coisas que não estavam no pensamento original, sabem que são elementos ativos em compelir o pensamento e a sua expressão a seguir um caminho que, salvo eles, não seguiria. Ora, se eu sinto profundamente uma coisa e a quero dizer profundamente, para que os outros a sintam profundamente, não quero ser desviado dessa profundeza com que sinto porque a palavra «amor» não rima com a palavra «queijada», ou porque «cebola» tem que ser «nabo» num ponto onde só cabem duas sílabas, ou porque «ontem» é um espondeu e tenho que pôr «pálido» para dar dátilo.

O verbalismo extenuante de grandes sensibilidades poéticas como Victor Hugo — capaz de alma, se tivesse a disciplina suficiente para ter indisciplina, de fazer formidáveis poemas de emoção — baseia-se absolutamente na preocupação de ter amor ou ódio em parelhas de alexandrinos, de ter que pensar e que sentir em rimas graves alternadas com rimas agudas, e de expor o que sente em dois alexandrinos um verso de seis, dois alexandrinos um verso de seis, rima aabccb, etc., etc. Como se pode sentir nestas gaiolas?

O rio, que poderia correr grandemente no seu leito, extravasa para os campos; o que devia ser um curso torna-se uma cheia. Parece que a imagem está às avessas, e que os metros, as rimas, as estrofes é que verdadeiramente se devem comparar às margens. Mas não é assim. As margens são as da nossa emoção natural. A rima ou o metro são uma espécie de erguer-se do leito do rio que faz transbordar este por uma forma desconhecida na natureza. Nem sequer é uma cheia natural.

É-se grande poeta assim? Pode ser-se. Mas é-se grande poeta apesar disto e não por causa disto. É-se grande poeta porque se é grande poeta, e não porque «courage» rima com «rage» ou «son» com «saucisson».

Se, ao desenvolver um poema que tem metro ou rima, a minha ideia pedir a palavra «amor», mas o metro ou a rima exigirem as sílabas ou o som que pode ser preenchido só pela palavra «afeto», adentro da possível ou plausível sinonímia, não é senão humano que eu empregue a palavra «afeto», dando o caso por fechado nesse particular. Mas o seguimento do poema será atacado pela circunstância de que a palavra «afeto» contém implícitas que não contém a palavra «amor», e, insensivelmente, quase sem dar por isso, ou até sem dar por isso, o seguimento do poema sofrerá um desvio, porque a minha própria ideia sofreu.

Admitida mesmo a artificialidade de toda a poesia, ninguém há que não reconheça que temos aqui artificialidade a mais. Que quem sente deveras não fala em verso, nem mesmo em prosa, mas em grito ou ato, é verdade; mas que quem sente um pouco menos deveras, e pode portanto falar em verso, tenha, ainda por cima, que falar em verso dos outros — porque outra coisa não é o metro e a rima do que uma imposição alheia —, isso é menos que verdade, isso, organicamente, não é nada.

Sei bem que a própria palavra é uma instituição dos outros, mas a substância da vida é a assimilação, isto é, a conversão do que é outro em nosso. E quanto mais nosso tornarmos o que é dos outros, mais vivemos. Para tornarmos mais nosso o que é dos outros, é preciso que ele, inicialmente, seja o menos possível dos outros já, para que mais facilmente seja nosso. A força da alma humana não é tal, que trabalhe seguramente através de grandes dificuldades. Napoleão disse que não conhecia a palavra impossível, mas deve tê-la encontrado em Moscovo e Waterloo, se a não tinha visto antes. Depois, deve ter ficado a conhecer a palavra, em toda a sua expressão maligna.

Disse Goethe que «trabalhar dentro de limites revela o mestre». Revela, mas o mestre no sentido do jongleur de possibilidades, do artista de circo da inteligência superior. Dar uma cambalhota em que o corpo passe através de um arco de papel, revela o mestre no sentido de Goethe, porque o arco de papel é um limite, mas, na vida, e na arte que é a vida, não há limites dessa ordem. O limite que temos é a nossa própria personalidade; é o sermos nós e não a vida inteira. É isso o limite dentro do qual temos que trabalhar, porque não podemos trabalhar fora dele. E, para limite, basta esse.

◆

Álvaro de Campos

[A incompreensão do ritmo paragráfico]

O ritmo paragráfico tem sido mal recebido, e, em parte, compreende-se porquê. No caso de Whitman, a incompreensão — que em todo o caso não foi grande, e com certeza não foi geral — explica-se pela novidade, não só do próprio ritmo (aliás pressentido por vários, como Blake, □), mas da matéria, pois foi Whitman o primeiro que teve o que depois se veio a chamar sensibilidade futurista — e cantou coisas que se consideravam pouco poéticas, quando é certo que só o prosaico é que é pouco poético, e o prosaico não está nas coisas mas em nós. Whitman, porém, desorientou porque apresentou duas novidades juntas. O mesmo *ahurissement* produzi eu com a minha «Ode Triunfal», no *Orpheu* 1, visto que, embora escrita perto de setenta anos depois da primeira edição das *Leaves of Grass*, aqui ninguém sabia sequer da existência de Whitman, como não sabem em geral da própria existência das coisas.

Mas no caso dos decadentes e simbolistas franceses, a incompreensão do ritmo paragráfico, e a aversão a ele, teve outra origem. Os decadentes franceses usaram um ritmo irregular e sem rima para dizer asneiras: o conteúdo matou o continente. Compreende-se que o infeliz que tomou o conhecimento do ritmo irregular através das imbecilidades de Maeterlinck, nas *Serres Chaudes*, do delírio idiota de René Ghil, das assonâncias sem sentido de Gustave Kahn, identificasse aquela ausência de fundo com a ausência de ritmo, nem sempre existente, pois, por exemplo, Khan tem ritmos realmente impressionantes.

Isso, porém, nada tinha com o ritmo. Mallarmé, que escrevia em versos rigorosamente «clássicos», tinha a mesma nebulosidade de sentido, compelindo o leitor a decifrar charadas sem conceito ao mesmo tempo que procurava senti-las.

O ritmo paragráfico, quando realmente se obtém, varia com os seus práticos. Largo, complexo, curioso misto de ritmos de verso e de prosa, em Whitman; curto, hirto, dogmático, prosaico sem prosa, poético sem quase poesia, no mestre Caeiro; pitoresco vindo parar à incrível idiotia de Marinetti, cuja banalidade mental lhe não permitia inserir qualquer ideia no ritmo irregular, porque lhe não permitia inseri-la em coisa nenhuma e lhe chamou «futurismo», como se a expressão «futurismo» contivesse qualquer sentido compreensível. «Futurista» é só toda a obra que dura; e por isso os disparates de Marinetti são o que há de menos futurista.

Tomemos um exemplo, simples e breve, em Caeiro:

> Leve, leve, muito leve,
> Um vento muito leve passa,
> E vai-se, sempre muito leve.
> E eu não sei o que penso
> Nem procuro sabê-lo.

◆

Alberto Caeiro

[Sobre a prosa e o verso]

Como ele me disse uma vez: «Só a prosa é que se emenda. O verso nunca se emenda. A prosa é artificial. O verso é que é natural. Nós não falamos em prosa. Falamos em verso. Falamos em verso sem rima nem ritmo. Fazemos pausas na conversa que na leitura da prosa *se não podem fazer*. Falamos, sim, em verso, em verso natural — isto é, em verso sem rima nem ritmo, com as pausas do nosso fôlego e sentimento.
Os meus versos são naturais porque são feitos assim...
O verso ritmado e rimado é bastardo e ilegítimo.»

◆

Álvaro de Campos / Ricardo Reis

[Ritmo e poesia]

Álvaro de Campos:
Tudo é prosa. A poesia é aquela forma da prosa em que o ritmo é artificial. Este artifício, que insiste em criar pausas especiais e antinaturais diversas das que a pontuação define, embora às vezes coincidentes com elas, é dado pela escrita do

texto em linhas separadas, chamadas versos, preferivelmente começadas por maiúsculas, para indicar que são como que períodos absurdos, pronunciados separadamente. Criam-se, por este processo, dois tipos de sugestões que não existem na prosa — uma sugestão rítmica, de cada verso por si mesmo, como pessoa independente, e uma sugestão acentual, que incide sobre a última palavra do verso, onde se pausa artificialmente, ou (bem entendido) sobre a única palavra se há uma só, que assim fica em isolamento que não é itálico.

Mas pergunta-se: porque há de haver ritmo artificial? Responde-se: porque a emoção intensa não cabe na palavra: tem que baixar ao grito ou subir ao canto. E como dizer é falar, e se não pode gritar falando, tem que se cantar falando, e cantar falando é meter a música na fala; e, como a música é estranha à fala, mete-se a música na fala dispondo as palavras de modo que contenham uma música que não esteja nelas, que seja pois artificial em relação a elas. É isto a poesia: cantar sem música. Por isso os grandes poetas líricos, no grande sentido do adjetivo «lírico», não são musicáveis. Como o serão, se são musicais?

Ricardo Reis:
Diz Campos que a poesia é uma prosa em que o ritmo é artificial. Considera a poesia como uma prosa que envolve música, donde o artifício. Eu, porém, antes diria que a poesia é uma música que se faz com ideias, e por isso com palavras. Considerai que será o fazerdes música com ideias, em vez de com emoções. Com emoções fareis só música. Com

emoções que caminham para as ideias, que se agregam ideias para se definir, fareis o canto. Com ideias só, contendo tão-somente o que de emoção há necessariamente em todas as ideias, fareis poesia. E assim o canto é a forma primitiva da poesia, porque não a primeira forma da poesia, senão o caminho para ela.

Quanto mais fria a poesia, mais verdadeira. A emoção não deve entrar na poesia senão como elemento dispositivo do ritmo, que é a sobrevivência longínqua da música no verso. E esse ritmo, quando é perfeito, deve antes surgir da ideia que da palavra. Uma ideia perfeitamente concebida é rítmica em si mesma; as palavras em que perfeitamente se diga não têm poder para a apoucar. Podem ser duras e frias: não pesa — são as únicas e por isso as melhores. E, sendo as melhores, são as mais belas.

De nada serve o simples ritmo das palavras se não contém ideias. Não há nomes belos, senão pela evocação que os torna nomes. Embalar-se alguém com os nomes próprios de Milton é justo se se conhece o que exprimem, absurdo se se ignora, não havendo mais que um sono do entendimento, de que as palavras são o torpor.

◆

POLÉMICA ENTRE RICARDO REIS E ÁLVARO DE CAMPOS QUANTO À CLASSIFICAÇÃO DAS ARTES

Ricardo Reis:
Há só duas artes verdadeiras: a Poesia e a Escultura. A Realidade divide-se em realidade espacial e realidade não espacial, ou ideal. A escultura figura a realidade espacial (que a pintura desfigura e abaixa e a arquitetura artificializa porque não reproduz uma coisa real mas outra coisa). A música, que é a arquitetura da poesia, isola uma coisa, o som, e quer dar o ritmo fora do humano, que é a ideia.

Álvaro de Campos:
Há cinco artes — a Literatura, a Engenharia, a Política, a Figuração (que inclui o drama, a dança, etc.) e a Decoração. (A Decoração vai desde a arte de arrumar bem as coisas em cima de uma mesa até à pintura e à escultura. Fernando Pessoa teve razão numa coisa: a pintura e a escultura são essencialmente artes de decorar, mas errou em limitar a essas as artes decorativas.)

III.
CRÍTICA LITERÁRIA

LUÍS DE CAMÕES*

Camões é *Os Lusíadas*. O lírico, em quem os inferiores focam a admiração que os denota inferiores, era, como em outros épicos de sensibilidade também notável, apenas a excedência inorgânica do épico.

Não ocupa *Os Lusíadas* um lugar entre as primeiras epopeias do mundo; só a *Ilíada*, a *Divina Comédia* e o *Paraíso Perdido* ganharam essa elevação. Pertencendo, porém, à segunda ordem das epopeias, como a *Jerusalém Libertada*, o *Orlando Furioso*, a *Faerie Queene* — e, em certo modo, a *Odisseia* e a *Eneida*, que participam das duas ordens —, distingue-se *Os Lusíadas* não só destas epopeias, suas pares, senão também daquelas, suas superiores, em que é diretamente uma epopeia histórica.

A vastidão impressiva de fábula, que uma epopeia requer, buscaram-na os antigos e os grandes modernos já na lenda ou na história indireta, já no Além. Em aquelas se fundamentam, de diverso modo, a *Ilíada*, a *Odisseia*, a *Eneida*, a *Jerusalém* de Tasso; na lenda absoluta, ou fantasia pura, o poema de Spenser e o *Orlando*; no Além — o Além pagão do Cristismo — a epopeia de Dante e a de Milton.

* Publicado no *Diário de Lisboa*, 4 de fevereiro de 1924.

A Camões bastou a história próxima para lenda e Além. O povo, que cantou, fizera da ficção certeza, da distância colónia, da imaginação vontade. Sob os próprios olhos do épico se desenrolou o inimaginável e o impossível se conseguiu. Sua epopeia não foi mais que uma reportagem transcendente, que o assunto obrigou a nascer épica. Este Apolónio podia ter falado com seus Argonautas, este Homero ter ouvido da boca dos companheiros de seus Ulisses os terrores da caverna do Ciclope e a notícia imediata do encantamento das sereias. Em certo modo viveu o que cantou, sendo, assim, o único épico que foi lírico ao sê-lo. Essa sua singularidade, que é uma virtude, é, como todas as virtudes, origem de vários defeitos.

Resta dizer, de Camões, que não chegou para o que foi. Grande como é, não passou do esboço de si próprio. Os sobre-homens da nossa glória constelada — o Infante e Albuquerque mais que todos — não cabem no que ele podia abarcar. A epopeia que Camões escreveu pede que aguardemos a epopeia que ele não pôde escrever. A maior coisa dele é o não ser grande bastante para os semideuses que celebrou.

♦

[O pessimismo de Antero]

O pessimismo de Antero é mais alegre do que o seu otimismo e a sua fé mais desolada do que a sua descrença.

É que — cremos ser os primeiros a observá-lo — aquelas pessoas a quem é mais conforme a tristeza do que a alegria, quando por acaso alegres (realmente, mesmo), não estão em si como na tristeza. Isto dá-se com outras faculdades. Edgar Poe, por exemplo, é mais *contente* no seu terror do que na sua alegria.

◆

ANTERO

A dúvida, o martírio moral de Antero parece-nos ter sido de três espécies. Primeiro, a dúvida e o martírio que provêm da luta entre uma constituição mental racionalista (quer pela sua □ quer pela sua força meramente) e um temperamento geral de crente. Bem sabemos que Antero abandonaria o Cristianismo, que o arrancaria de todo do seu intelecto; mas sabemos também que o não pudera ou poderia arrancar do seu temperamento, da base da sua emoção. O Cristianismo estava ligado indissoluvelmente, por longa e forte acumulação familial, ao espírito de Antero; nos períodos de debilidade ou apatia intelectual assaltava de repente a inteligência, mas, como esta permaneceu lúcida até ao fim, nunca a avassalou. Nos períodos de tristeza e de abatimento — semanas, horas, momentos quando o pensamento caía em sonolência, invadia-lhe o terreno o temperamental misticismo cristão. Segundo o grau de abatimento, ia longe ou não pelo domínio do pensamento dentro; e daqui o grau de tortura, porque, quanto mais apático e □ acontecia estar o pensamento, mais forte surgia o sentimento místico cristão e, quanto mais forte surgia, mais parecia ser uma intuição, quási que uma intuição intelectual, da verdade. Estabelece-se então, até que o intelecto, plenamente despertado, repele o sentimento, o estado de dúvida religiosa, que é profundamente angustioso, conquanto que pouco sentido dos homens do sul, em quem a religião não é tão forte como nos do norte.

O segundo elemento de martírio moral de Antero de Quental foi o conflito entre o senso moral do poeta e a ausência de moral da natureza, a dedução pessimista superficialmente existente — nas fases e formas de luta pela vida contra a natureza, contra o homem, contra tudo. Esta agonia é pior que a da dúvida religiosa. Um espírito superior, razoavelmente de posse dos elementos da ciência das religiões (como Antero) não pode ser dominado muito tempo *intelectualmente*[1] pela dúvida religiosa; há uma solução que pode ser dolorosa, cruel para o sentimento, mas há-a. Sai-se dorido e contuso do dilema, mas sai-se. Mas a crença cristã, como todas as crenças, ainda que abolida dum espírito dum homem ou dum povo qualquer, deixa geralmente enraizados mais profundamente do que os seus dogmas metafísicos os seus dogmas morais — piedade, compaixão pelos humildes, etc. (o leitor conhece-os). Fica a moral, depois de desaparecer a metafísica. A razão é simples. Toda a metafísica diz respeito à inteligência primacialmente; a absurda metafísica do cristianismo facilmente cai diante de um desenvolvimento razoável da inteligência, quando essa, claro está, (não sendo muito grande) é acompanhada do desenvolvimento do senso moral, que procura sinceramente a verdade, com firmeza e sem tentações. Com qualquer senso moral acontece isto; muito mais com um senso moral que é resíduo deixado pela religião. Mas o que a religião deixa no senso moral não é tão fácil de eliminar ou criticar, de mais a mais que um alto senso moral tende a ser suscetível (ou antes, foi suscetibilizado) pela religião, porque o senso moral não pertence diretamente à inteligência, está mais longe dela.

Mas nem o conflito entre o sentimento e o pensamento, nem aquele entre □ constitui a suprema tortura dum grande pensador. Ao maior homem, o conflito desaparece com a realidade — a tortura do mistério *em si*, o problema do *ser*, daquilo que realmente é. Dói esta □ do calvário dum pensador — encontra-se, transido de paixão, frente a frente com o mistério.

◆

CESÁRIO VERDE

Houve em Portugal, no século dezanove, três poetas, e três somente, a quem legitimamente compete a designação de mestres. São eles, por ordem de idades, Antero de Quental, Cesário Verde e Camilo Pessanha. Com a exceção de Antero, todavia dubitativamente aceite e extremamente combatido, coube a todos três a sorte normal dos mestres — a incompreensão em vida, nos mesmos (como em Byron, derivando de Wordsworth e combatendo-o) sobre quem exerceram influência.

A celebridade raras vezes acolhe os génios em vida, salvo se a vida é longa, e lhes chega no fim dela. Quási nunca acolhe aqueles génios especiais, em que o dom da criação se junta ao da novidade; que não sintetizam, como Milton, a experiência poética anterior, mas estabelecem, como Shakespeare, um novo aspeto da poesia. Assim, e nos exemplos comparativamente citados, ao passo que Milton, embora sem pequenez para ser aceite pelo vulgo, foi de seu tempo tido como grande com a grandeza que tinha, Shakespeare não foi apreciado pelos contemporâneos senão como cómico.

Com Antero de Quental se fundou entre nós a poesia metafísica, até ali não só ausente, mas organicamente ausente, da nossa literatura. Com Cesário Verde se fundou entre nós a poesia objetiva, igualmente ignorada entre nós. Com Camilo Pessanha a poesia do vago e do impressivo tomou forma portuguesa. Qualquer dos três, porque qualquer é um homem de génio, é grande não só adentro de Portugal, mas em absoluto. [...]

◆

BAUDELAIRE E CESÁRIO

Em suas descrições, Baudelaire nunca é (como é, evidentemente, natural com os poetas) perfeitamente objetivo. Quando ele descreve, mesmo que friamente na aparência, há um pouco de sentimento, uma sombra de sentimento que se vem misturar na sua descrição — repulsa latente, tristeza latente, excitação latente perante a beleza ou a estranheza. Em Cesário não é assim. Ele é completamente objetivo, como nenhum poeta foi antes dele, exceto num ou noutro verso. Cesário é um poeta objetivo sempre; é essa a sua peculiaridade, o seu estilo, a essência da sua individualidade como poeta. Quando ele descreve, raramente, ou nunca, mistura um sentimento com a sua descrição, *na* descrição, queremos dizer, pois ele costuma fazer seguir, digamos, a duas linhas de descrição outras duas de sentimento, fazendo uma transição abrupta do objetivo para o subjetivo, ou vice-versa (porque algumas vezes faz o contrário). Mas *nas* linhas que descrevem, que contêm a descrição, Cesário não faz nada mais senão descrever.

Nem mesmo procura atribuir um sentimento de beleza àquilo que descreve — não, nem de feiúra, o que, procedendo por antítese, significaria psicologicamente a mesma coisa; ele procura nada mais que descrever em poucas palavras uma cena, procurando torná-la vívida de um modo correto. Nada mais. No entanto, como é impossível que qualquer coisa no mundo (pelo menos, no estado atual da humanidade) *não* desperte um sentimento de algum tipo, ou sugira alguma espécie de sentimento, acaba por nos chegar um certo sentimento nos versos descritivos do poeta português — e esse é o sentimento *da alegria da observação*, isenta do sentimento do belo ou de qualquer outro sentimento. Daí a sensação de saúde e de originalidade que atinge quem lê os poemas de Cesário. Originalidade, já que isso nunca tinha aparecido antes dele — claramente, pelo menos — na poesia;

saúde, uma vez que essa alegria da observação, sem incluir qualquer preocupação com a beleza, é o sentimento intelectual mais são que pode existir.

BAUDELAIRE AND CESÁRIO

In his descriptions Baudelaire is never (as is, of course, natural with poets) perfectly objective. When he describes, however coldly in appearance, some sentiment, some shadow of sentiment is mingled in his description — latent disgust, latent sorrow, latent excitement for beauty or for strangeness. Not so in Cesário. He is completely objective, as no poet has been before him, except in an odd line or other. Cesário is an objective poet always; it is his peculiarity, his style, the essence of his individuality as [a] poet. When he describes he seldom, if ever, mingles a sentiment with his description, *in* the description, we mean, for his is wont to follow, say, two lines of description with two of a sentiment, making an abrupt transition form objective to subjective or vice-versa (for he sometimes does the contrary). But *in* the lines that describe, that contain the description, Cesário does nothing but describe.

Not even does he aim at giving a sentiment of the beauty of what he describes — no, nor of the ugliness of it, which, going by contraries, would signify the same thing, psychologically; he aims but at describing in a few words a scene, so as to make it vivid and correctly given.

No more. Yet, as it is impossible that anything at all in the world (at least, in the actual state of mankind) should *not* kindle a sentiment of some kind, suggest a sentiment of some sort, there does come to us a certain feeling from the descriptive verses of the Portuguese poet — and this is the sentiment *of the joy of observation*, unmingled with sentiment of the beautiful, with any other sentiment. Hence the sense of health and of originality that comes to anyone who reads Cesário's poems. Originality, since before him this has never been given — fixedly, at least — in poetry; health, since this joy of observation, unmingled with care for beauty, is the sanest intellectual sentiment that there is.

◆

CAMILO PESSANHA

A cada um de só três poetas, no Portugal dos séculos dezanove a vinte, se pode aplicar o nome de «mestre». São eles Antero de Quental, Cesário Verde e Camilo Pessanha. Concedo que se lhes anteponham outros quanto ao mérito geral; não concedo que algum outro se possa antepor a qualquer deles nesse abrir de um novo caminho, nessa revelação de um novo sentimento[1], que, em matéria literária, propriamente constitui a mestria. É mestre quem tem que ensinar; só eles, na poesia portuguesa desse tempo, tiveram que ensinar.

O primeiro ensinou a pensar em ritmo; descobriu-nos a verdade de que o ar imbecil não é indispensável para se ser poeta. O segundo ensinou a observar em verso; descobriu-nos a verdade de que o ser cego, ainda que Homero em lenda o fosse e Milton em verdade se o tornasse, não é qualidade necessária em quem faz poemas. O terceiro ensinou a sentir veladamente; descobriu-nos a verdade de que para ser poeta não é mister trazer o coração nas mãos, senão que basta trazer nelas bem expostos os simples sonhos dele.

Estas palavras, que são nada, bastam para apresentar a obra do meu mestre Camilo Pessanha. O mais, que é tudo, é o Camilo Pessanha.

◆

PARA A MEMÓRIA DE ANTÓNIO NOBRE*

Quando a hora do *ultimatum* abriu em Portugal, para não mais se fecharem, as portas do templo de Jano, o deus bifronte revelou-se na literatura nas duas maneiras correspondentes à dupla direção do seu olhar. Junqueiro — o de «Pátria» e «Finis Patriae» — foi a face que olha para o Futuro, e se exalta. António Nobre foi a face que olha para o Passado, e se entristece.

* Publicado em *A Galera*, n.º 5-6, Coimbra, 1915.

De António Nobre partem todas as palavras com sentido lusitano que de então para cá têm sido pronunciadas. Têm subido a um sentido mais alto e divino do que ele balbuciou. Mas ele foi o primeiro a pôr em europeu este sentimento português das almas e das coisas, que tem pena de que umas não sejam corpos, para lhes poder fazer festas, e de que outras não sejam gente, para poder falar com elas. O ingénuo panteísmo da Raça, que tem carinhos de espontânea frase para com as árvores e as pedras, desabrochou nele melancolicamente. Ele vem no Outono e pelo crepúsculo. Pobre de quem o compreende e ama!

O sublime nele é humilde, o orgulho ingénuo, e há um sabor de infância triste no mais adulto horror do seu tédio e das suas desesperanças. Não o encontramos senão entre o desfolhar das rosas e nos jardins desertos. Os seus braços esqueceram a alegria do gesto, e o seu sorriso é o rumor de uma festa longínqua, em que nada de nós toma parte, salvo a imaginação.

Dos seus versos não se tira, felizmente, ensinamento nenhum. Roça rente a muros noturnos a desgraça das suas emoções. Esconde-se de alheios olhos o próprio esplendor do seu desespero. Às vezes, entre o princípio e o fim de um seu verso, intercala-se um cansaço, um encolher de ombros, uma angústia ao mundo. O exército dos seus sentimentos perdeu as bandeiras numa batalha que nunca ousou travar.

As suas ternuras amuadas por si próprio; as suas pequenas corridas de criança, mal-ousada, até aos portões da quinta, para retroceder, esperando que ninguém houvesse visto; as suas meditações no limiar; ... e as águas correntes no nosso ouvido; a longa convalescença febril ainda por todos os sentidos; e as tardes, os tanques da quinta, os caminhos onde o vento já não ergue a poeira, o regresso de romarias, as férias que se desmancham, tábua a tábua, e o guardar nas gavetas secretas das cartas que nunca se mandaram... A que sonhos de que Musa exilada pertenceu aquela vida de Poeta?

Quando ele nasceu, nascemos todos nós. A tristeza que cada um de nós traz consigo, mesmo no sentido da sua alegria é ele ainda, e a vida dele, nunca perfeitamente real nem com certeza vivida, é, afinal, a súmula da vida que vivemos — órfãos de pai e de mãe, perdidos de Deus, no meio da floresta, e chorando, chorando inutilmente, sem outra consolação do que essa, infantil, de sabermos que é inutilmente que choramos.

◆

A NOVA POESIA PORTUGUESA SOCIOLOGICAMENTE CONSIDERADA*

I.

Ao movimento literário representativo e peculiar da nascente geração portuguesa tem sido feito pela opinião pública o favor de o não compreender. E esse movimento que, sobretudo na poesia, com crescente nitidez acusa a sua individualidade

* Publicado em *A Águia*, n.º 4, 2.ª série, abril de 1912.

representativa, não tem sido compreendido, porque uma parte do público, a que tem mais de trinta anos, está inadaptabilizável, por já velha, a esse movimento, e consta, perante ele, de incompreendedores-natos; porque outra parte, ou por circunstâncias de bacharelosa espécie educativa, ou por descuidada na manutenção espiritual do sentimento de raça, ou ainda por sentimentos de desviado e estéril entusiasmo gerados por absorção na intensa e mesquinha vida política nossa, está colocada num estado de pseudo-alma descritível como sendo de incompreendedores-de-ocasião; e porque a outra, restante, aquela de quem são os novos poetas e literatos e os que os acompanham no obscuro sentimento racial que os guia, não tomou ainda consciência de si como o que realmente é, porquanto o movimento poético atual é ainda embrião quanto a tendências, nebulosa quanto a ideias que de si ou de outras coisas tenha.

Urge que — pondo de parte misticismos de pensamento e de expressão, úteis apenas para despertar pelo ridículo, que a sua obscuridade para os profanos causa, o interesse alegre do inimigo social — com raciocínios e cingentes análises se penetre na compreensão do atual movimento poético português, se pergunte à alma nacional, nele espelhada, o que pretende e a que tende, e se ponha em termos de compreensibilidade lógica o valor e a significação, perante a sociologia, desse movimento literário e artístico.

II.

Em primeiro lugar, é evidente que aquilo a que se chama uma corrente literária deve de algum modo ser representativo do estado social da época e do país em que aparece. Porque uma corrente literária não é senão o *tom* especial que de comum têm os escritores de determinado período, e que representa, postas de parte as inevitáveis peculiaridades individuais, um conceito geral do mundo e da vida, e um modo de exprimir esse conceito, que, por ser comum a esses escritores, deve forçosamente ter raiz no que de comum eles têm, e isso é a época e o país em que vivem ou em que se integram.

E se a literatura é fatalmente a expressão do estado social de um período político, *a fortiori* o deve ser, adentro da literatura, o género literário que mais de perto cinge e mais transparentemente cobre o sentimento e a ideia expressos — e esse género literário é a poesia.

Não é isto, porém, que de momento importa. Saber pela literatura as ideias de uma época só pode ter interesse para a posteridade, que não tem outro meio de a tornar presente ao seu raciocínio. O que nos ocupa é saber se a literatura nos poderá ser um indicador sociológico, se nos pode ser ponteiro para indicar a que horas da civilização estamos, ou, para falar com clareza, para nos informar do estado de vitalidade e exuberância de vida em que se encontra uma nação ou época, para que, pela literatura simplesmente, possamos prever ou concluir o que espera o país em que essa literatura é atual. E é precisamente isto que *a priori* se não pode imaginar. Reportemo-nos, pois, à evidência analisada dos factos.

Desbravemos, porém, o terreno, aclarando alguns termos essenciais, e simplificando, para não sermos longos, as condições da análise projetada.

Por vitalidade de uma nação não se pode entender nem a sua força militar nem a sua prosperidade comercial, coisas secundárias e por assim dizer físicas nas nações; tem de se entender a sua exuberância *de alma*, isto é, a sua capacidade de criar, não já simples ciência, o que é restrito e mecânico, mas *novos moldes, novas ideias gerais*, para o movimento civilizacional a que pertence. É por isso que ninguém compara a grandeza ruidosa de Roma à super-grandeza da Grécia. A Grécia criou uma civilização, que Roma simplesmente espalhou, distribuiu. Temos ruínas romanas e ideias gregas. Roma é, salvo o que sobremorre nas fórmulas invitais dos códigos, uma memória de uma glória; a Grécia sobrevive-se nos nossos ideais e nos nossos sentimentos.

Servir-nos-ão de material para a análise duas nações apenas — a Inglaterra e a França; e isto porque, tendo essas uma unidade nacional, uma continuidade de vida e uma influência civilizacional acentuada, o problema se limita simplesmente à análise que desejamos fazer, sem impor, como imporia o estudo de qualquer nação ou mais complexa, ou mais afastada no tempo, uma prévia análise diferencial. A escassez do material, porém, importa apenas quando é superficial a análise; porque, se *pour expliquer un brin de paille il faut démonter tout le système de l'univers*[1], ao raciocinador ideal bastaria, visto que o sistema do universo se acha logicamente contido no *brin de paille*, analisá-lo bem, a ele *brin de paille*, para deduzir o sistema do universo.

Tomaremos a Inglaterra e a França para material de análise. E tomaremos períodos nítidos, pois que o espaço não permite a co-análise de períodos literária ou politicamente embrionários.

III.

A história literária da Inglaterra mostra três períodos distintos, ainda que subdivisíveis em subperíodos — o isabeliano, que vai de 1580 aproximadamente até a um ponto pouco mais ou menos coincidente com o fim da República; o tratável de «neoclássico» que, pouco depois começando, ocupa quase todo o século dezoito, começando porém a morrer desde 1780, aproximadamente; e o moderno, que vem desde então até aos nossos dias. Destes três períodos o primeiro impõe-se como por muito o maior, não só por ser mais alto o *tom* poético geral do período, mas também porque as suas culminâncias poéticas — Spenser, Shakespeare e Milton — põem na sombra quantos nomes ilustres os outros dois períodos apresentem. — O segundo período é inferior aos outros dois: o tom poético é aquele, intolerável, que a França do *ancien régime* derramou pela Europa de que tinha a hegemonia social. — O terceiro período contém figuras que, sem serem supremas, são, como Coleridge, Shelley ou Browning, grandes indiscutivelmente.

Vejamos agora a que períodos políticos estas épocas literárias correspondem. A época isabeliana corresponde ao período da vida inglesa cuja realização foi feita pela República e na pessoa, preeminentemente, de Cromwell. Foi um período *criador*; nele deu a Inglaterra ao mundo moderno um dos grandes princípios civilizacionais que lhe são peculiares — o de *governo popular*, princípio que depois a Revolução Francesa, parcamente criadora, simplesmente transformou no de *democracia republicana*. — O segundo período da vida política inglesa, o que vem desde a queda da República, culmina na revolução, de mera substituição dinástica, de 1688, e vem morrer por 1780 *nas almas*, e *de facto* com a reforma eleitoral de 1832[2], é absolutamente nulo e estéril para a Inglaterra; nele, ela nada criou, nem mesmo a sua própria grandeza, visto que a hegemonia social na Europa era então da França. Neste segundo período a Inglaterra não fez senão ir realizando, apática e frouxamente, o princípio do governo popular que havia criado. — Também no terceiro período a Inglaterra nada criou de civilizacional; criou a sua própria grandeza e nada mais — visto que a hegemonia europeia tem sido mais sua do que de outra nação no século XIX, conforme o vincaram para a história Nelson em Trafalgar e Wellington em Waterloo.

Virando-nos agora para a França, e desprezando, como já dissemos, o embrionário e informe, vemos igualmente três períodos, incoincidentes porém no tempo, com os três períodos ingleses. O primeiro período acompanha o *ancien régime*, culmina no tempo de Luís XIV e dura até ao fim do século XVIII, emprestando o tom à literatura europeia. O segundo período, o romântico, começa depois da queda do *ancien régime* e vai terminando à medida que o republicanismo se vai realizando nas almas, de 1848 a 1870, aproximada mas incorretamente. De então para cá, em seguida ao período (de 1871 a 1881 pouco mais ou menos) de lenta consolidação republicana, vem o terceiro período, aquele a que caraterizam o realismo, o simbolismo e outros anti-romantismos.*

Vejamos agora como se nos mostram os correspondentes períodos políticos. O primeiro, *ancien régime*, foi um período em que a França nada criou *para a civiliza*ção, visto que criou apenas a sua própria grandeza e a correspondente hegemonia social europeia, cujo reflexo longínquo e fraquejante é a influência de que ainda goza. O segundo período é aquele que, *precipitando-se* na prematura Revolução Francesa, se vai realizando só depois, *nas almas*, de 1848 a 1870, pouco mais ou menos, e é neste período que a França cria para a civilização a ideia de democracia republicana. Não a cria, é claro, tão criadoramente como a Inglaterra de Cromwell, que a *origina* no mundo moderno; torna-a porém mais intensa e nítida, desenvolve-a — o que é também, ainda que secundariamente, uma criação. Finalmente, no terceiro período, o de 1870 para cá, a França nada cria para a civilização, nem mesmo a sua própria grandeza cria, visto que decai em valor europeu: vai vivendo, como a Inglaterra no segundo período, e realizando, apática e despiciendamente, o princípio de democracia republicana que em anterior período criara.

Posto isto, analisemos. Em primeiro lugar, é evidente a analogia, quanto a valor civilizacional, e, portanto, a vitalidade

---

* Uma análise impossível aqui, por demorada, mostraria como é sociologicamente certa esta divisão, em aparência anti-histórica ao ponto de ser de todo absurda — esta divisão e a que, de períodos políticos, vai a seguir.

nacional, entre o primeiro período francês e o terceiro inglês, entre o segundo período francês e primeiro inglês, e entre o terceiro período francês e o segundo da Inglaterra. Tão perfeita é a analogia social e civilizacional como a analogia literária. A literatura inglesa atinge o seu auge no primeiro, a francesa no segundo período. São relativamente ricas, a inglesa no terceiro período, a francesa no primeiro. E a inglesa no seu período segundo e a francesa no terceiro seu estão no mesmo nível de abatimento literário perante os outros períodos. — Vemos, pois, que o valor dos criadores literários corresponde ao valor criador das épocas a que correspondem; de modo que a literatura não só traduz as ideias da sua época mas — e é isto que importa que fixemos — o valor da literatura, perante a história literária, corresponde ao valor da época, perante a história da civilização.

Avançando na análise, porém, revela-se-nos que a posição cronológica das literaturas se dá, relativamente aos correspondentes movimentos sociais, de modo diverso nos três períodos. Assim, no primeiro período, o criador, da Inglaterra, o movimento literário que culmina em Shakespeare (entre 1590 e 1610) *precede* o movimento político, que só começa ao decair ele. E, em França, o movimento romântico vai decaindo à medida que se vai realizando nos espíritos o correspondente, e socialmente exuberante, movimento político. — No segundo período inglês e terceiro francês, análogos como já vimos, a corrente literária *vem depois* da corrente política que lhe corresponde; como em França se vê pelo aparecimento dos movimentos simbolistas, realista e outros, claramente, nos anos que sucedem àqueles em que se consolidou a república; e em Inglaterra pelo facto de Pope, em quem a corrente literária culmina (Dryden, talvez maior, é um poeta de transição, pertencente em parte ainda ao período anterior), ser da geração seguinte à dos consolidadores da nova fórmula, caraterística da época, a de monarquia constitucional. — No terceiro período inglês e primeiro francês temos a *coincidência* no tempo entre a corrente e culminâncias literárias e o movimento e culminâncias políticas. É sob Luís XIV que a vida literária é de mais valor, e o movimento reformista inglês (de 1770 a 1832), que envolve em si as causas da hegemonia inglesa moderna e inclui as guerras em que ela se fixou, coincide com o romantismo britânico.

Examinemos agora quais os caraterísticos interiores destas correntes literárias. As correntes literárias do segundo período inglês e o terceiro francês — aqueles períodos em que essas nações nada criaram, nem para os outros nem para si — oferecem como mais importante facto espiritual *a desnacionalização da literatura*; visto que a literatura inglesa do século dezoito é vazada em moldes franceses, e a literatura francesa de 1880 para cá é tudo menos francesa de espírito. Assim, para dar o único exemplo que o espaço pode admitir, o simbolismo, essencialmente confuso, lírico e religioso, é absolutamente contrário ao espírito lúcido, retórico e cético do povo francês. — As correntes literárias do terceiro período inglês e primeiro francês — as dos períodos em que os países criaram a sua própria grandeza e hegemonia social, mas, de civilizacional, nada — mostram *um equilíbrio entre o espírito nacional e a influência estrangeira*: assim, a influência alemã é patente mas não dominante no romantismo inglês, e a influência da antiguidade tão importante como a do espírito nacional na literatura dos séculos dezassete e dezoito em França. — Finalmente, nos períodos criadores — o primeiro inglês e segundo francês — temos na literatura *o espírito nacional patente e dominante*, absorvendo e absolutamente eliminando qualquer influência estrangeira que haja. Assim, nada mais francês do que Victor Hugo com a sua retórica, a sua pseudoprofundeza, a sua lucidez epigramática em pleno seio do lirismo, onde não está bem. E Spenser, Shakespeare e Milton — mas Spenser e Shakespeare mais do que Milton — são ingleses inconfundivelmente.

IV.

Ainda que rápida, já há nesta análise elementos para a apreciação ponderada da moderna poesia portuguesa.

O primeiro facto que se nota é que a atual corrente literária portuguesa é *absolutamente nacional*, e não só nacional com a inevitabilidade bruta de um canto popular, mas nacional com *ideias* especiais, *sentimentos* especiais, *modos de expressão* especiais e distintivos de um movimento literário completamente *português*; e, de resto, se fosse menos, não seria um *movimento literário*, mas uma espécie de traje psíquico nacional, relegável da categoria de movimento de arte para a, para este caso sociológico nula, de um mero *costume* caraterístico.

O segundo fator a notar é que o movimento poético português contém individualidades de vincado valor: não são Miltons nem Shakespeares, mas são gente que se extrema, além de pelo *tom*, que é da corrente, pelo valor mesmo, dentre os contemporâneos europeus, com exceção de um ou dois italianos, e esses não integrados em movimento ou corrente alguma que, de distintiva ou nacional, tenha sombra de direito a ser comparada com a hodierna corrente poética lusitana.

O terceiro e último facto que se impõe é que este movimento poético dá-se coincidentemente com um período de pobre e deprimida vida social, de mesquinha política, de dificuldades e obstáculos de toda a espécie à mais quotidiana paz individual e social, e à mais rudimentar confiança ou segurança num, ou dum, futuro.

Vistos estes elementos sociológicos do problema, salta aos olhos a inevitável conclusão. É ela a mais extraordinária, a mais consoladora, a mais estonteante que se pode ousar esperar. É ela de ordem a coincidir absolutamente com aquelas intuições proféticas do poeta Teixeira de Pascoaes sobre a *futura civilização lusitana*, sobre o *futuro glorioso* que espera a Pátria Portuguesa. Tudo isso, que a fé e a intuição dos místicos deu a Teixeira de Pascoaes, vai o nosso raciocínio matematicamente confirmar.

É que os caraterísticos que acabamos de descobrir no nosso atual movimento poético indicam absolutamente a sua analogia com as literaturas inglesa do primeiro, e francesa do segundo período, e, portanto, impõem que conclua daí a fatal analogia com as épocas de que aquelas literaturas são representativas.

A analogia é absoluta. Temos, primeiro, a nota principal da completa *nacionalidade e novidade* do movimento. Temos, depois, o caso de se tratar de uma corrente literária contendo poetas de indiscutível valor. E note-se — para o caso de se argumentar que nenhum Shakespeare nem Victor Hugo apareceu ainda na corrente literária portuguesa — que esta corrente vai ainda no princípio do seu princípio, gradualmente porém tornando-se mais firme, mais nítida, mais complexa. E isto leva a crer que deve estar para muito breve o inevitável aparecimento do poeta ou poetas supremos desta corrente, e da nossa terra, porque fatalmente o Grande Poeta, que este movimento gerará, deslocará para segundo plano a figura, até agora primacial, de Camões. Quem sabe se não estará para um futuro muito próximo a ruidosa confirmação deste deduzidíssimo asserto?

Pode objetar-se, além de muita coisa desdenhável num artigo que tem de não ser longo, que o atual momento político não parece de ordem a gerar génios poéticos supremos, de reles e mesquinho que é. Mas *é precisamente por isso* que mais concluível se nos afigura o próximo aparecer dum supra-Camões na nossa terra. É precisamente este detalhe que marca a completa analogia da atual corrente literária portuguesa com aquelas, francesa e inglesa, onde o nosso raciocínio descobriu o acompanhamento literário das grandes épocas criadoras. Porque a corrente literária, como vimos, *precede sempre* a corrente social nas épocas sublimes de uma nação. Que admira que não vejamos sinal de renascença na vida política, se a analogia nos manda que o vejamos apenas uma, duas ou três gerações *depois* do *auge* da corrente literária?

Ousemos concluir isto, onde o raciocínio excede o sonho: que a atual corrente literária portuguesa é completa e absolutamente o princípio de uma grande corrente literária, *das que precedem as grandes épocas criadoras das grandes nações de quem a civilização é filha.*

Que o mal e o pouco do presente nos não deprimam nem iludam: são eles que confirmam o nosso raciocínio. Tenhamos a coragem de ir para aquela louca alegria que vem das bandas para onde o raciocínio nos leva! Prepara-se em Portugal uma renascença extraordinária, um ressurgimento assombroso. O ponto de luz até onde essa renascença nos deve levar não se pode dizer neste breve estudo; desacompanhada de um raciocínio confirmativo, essa previsão pareceria um lúcido sonho de louco.

Tenhamos fé. Tornemos essa crença, afinal lógica, num futuro mais glorioso do que a imaginação o ousa conceber, a nossa alma e o nosso corpo, o quotidiano e o eterno de nós. Dia e noite, em pensamento e ação, em sonho e vida, esteja connosco, para que nenhuma das nossas almas falte à sua missão de hoje, de criar o supra-Portugal de amanhã.

◆

[Sá-Carneiro e a imaginação]

Como se *ordena* a imaginação? Tornando-a *intelectual*, baseada sempre em uma ideia.

Como se *ordena* a inteligência especulativa? Criando a emoção do abstrato.

Mário de Sá-Carneiro pertence ao princípio de uma corrente, conscientemente iniciada em Portugal (como e porquê não importa) para a intelectualização da imaginação.

Em Sá-Carneiro, porém, estes elementos renovadores misturam-se, infelizmente, com elementos decadentes.

Não eleva o pessoal ao universal, senão ao abstrato.

◆

MÁRIO DE SÁ-CARNEIRO (1890-1916)*

Atque in perpetuum, frater, ave atque vale![1]
CATULO

Morre jovem o que os Deuses amam, é um preceito da sabedoria antiga. E por certo a imaginação, que figura novos mundos, e a arte, que em obras os finge, são os sinais notáveis desse amor divino. Não concedem os Deuses esses dons para que sejamos felizes, senão para que sejamos seus pares. Quem ama ama só a igual, porque o faz igual com amá-lo. Como porém o homem não pode ser igual dos Deuses, pois o Destino os separou, não corre homem nem se alteia deus pelo amor divino: estagna só deus fingido, doente da sua ficção.

Não morrem jovens todos a que os Deuses amam, senão entendendo-se por morte o acabamento do que constitui a vida. E como à vida, além da mesma vida, a constitui o ins-

---

* Publicado em *Athena*, n.º 2, Lisboa, 1924.

tinto natural com que se a vive, os Deuses, aos que amam, matam jovens ou na vida, ou no instinto natural com que vivê-la. Uns morrem; aos outros, tirado o instinto com que vivam, pesa a vida como morte, vivem morte, morrem a vida em ela mesma. E é na juventude, quando neles desabrocha a flor fatal e única, que começam a sua morte vivida.

No herói, no santo e no génio os Deuses se lembram dos homens. O herói é um homem como todos, a quem coube por sorte o auxílio divino; não está nele a luz que lhe astreia a fronte, sol da glória ou luar da morte, e lhe separa o rosto dos de seus pares. O santo é um homem bom a que os Deuses, por misericórdia, cegaram, para que não sofresse; cego, pode crer no bem, em si, e em deuses melhores, pois não vê, na alma que cuida própria e nas coisas incertas que o cercam, a operação irremediável do capricho dos Deuses, o jugo superior do Destino. Os Deuses são amigos do herói, compadecem-se do santo; só ao génio, porém, é que verdadeiramente amam. Mas o amor dos Deuses, como por destino não é humano, revela-se em aquilo em que humanamente se não revelara amor. Se só ao génio, amando-o, tornam seu igual, só ao génio dão, sem que queiram, a maldição fatal do abraço de fogo com que tal o afagam. Se a quem deram a beleza, só seu atributo, castigam com a consciência da mortalidade dela; se a quem deram a ciência, seu atributo também, punem com o conhecimento do que nela há de eterna limitação; que angústias não farão pesar sobre aqueles, génios do pensamento ou da arte, a quem, tornando-os criadores, deram a sua mesma essência? Assim ao génio caberá, além da dor da morte da beleza alheia, e da mágoa de conhecer a universal ignorância, o sofrimento próprio, de se sentir par dos Deuses sendo homem, par dos homens sendo deus, êxul ao mesmo tempo em duas terras.

Génio na arte, não teve Sá-Carneiro nem alegria nem felicidade nesta vida. Só a arte, que fez ou que sentiu, por instantes o turbou de consolação. São assim os que os Deuses fadaram seus. Nem o amor os quer, nem a esperança os busca, nem a glória os acolhe. Ou morrem jovens, ou a si mesmos sobrevivem, íncolas da incompreensão ou da indiferença. Este morreu jovem, porque os Deuses lhe tiveram muito amor.

Mas para Sá-Carneiro, génio não só da arte mas da inovação nela, juntou-se, à indiferença que circunda os génios, o escárnio que persegue os inovadores, profetas, como Cassandra, de verdades que todos têm por mentira. *In qua scribebat, barbara terra fuit*[2]. Mas, se a terra fora outra, não variara o destino. Hoje, mais que em outro tempo, qualquer privilégio é um castigo. Hoje, mais que nunca, se sofre a própria grandeza. As plebes de todas as classes cobrem, como uma maré morta, as ruínas do que foi grande e os alicerces desertos do que poderia sê-lo. O circo, mais que em Roma que morria, é hoje a vida de todos; porém alargou seus muros até os confins da terra. A glória é dos gladiadores e dos mimos. Decide supremo qualquer soldado bárbaro, que a guarda impôs imperador. Nada nasce de grande que não nasça maldito, nem cresce de nobre que se não definhe, crescendo. Se assim é, assim seja! Os Deuses o quiseram assim.

LUÍS DE MONTALVOR*

Há duas espécies de poetas — os que pensam o que sentem, e os que sentem o que pensam. A terceira espécie apenas pensa ou sente, e não escreve versos, sendo por isso que não existe.

Aos poetas que pensam o que sentem chamamos românticos; aos poetas que sentem o que pensam chamamos clássicos. A definição inversa é igualmente aceitável.

Em Luís de Montalvor (Luís da Silva Ramos), autor de um livro de *Poemas* a aparecer em breve, a sensibilidade se confunde com a inteligência — como em Mallarmé, porém diferentemente — para formar uma terceira faculdade da alma, infiel às definições. Tanto podemos dizer que ele pensa o que sente, como que sente o que pensa. Realiza, como nenhum outro poeta vivo, nosso ou estranho, a harmonia entre o que a razão nega e o que a sensibilidade desconhece. O resultado — poemas subtis, irreais, quase todos admiráveis — pode confundir os que esperam encontrar na originalidade um velho conhecimento, e no imprevisto o que já sabiam. Mas para os que esperam o que nunca chega, e por isso o alcançam, a surpresa dos seus versos é a surpresa da própria inteligência em se encontrar sempre diferente de si mesma, e em verificar sempre de novo que cada homem é, em sua essência, um conceito do universo diferente de to-

---

* Publicado em *O Imparcial*, Lisboa, 13 de junho de 1927.

dos os outros. E como, visto que tudo é essencialmente subjetivo, um conceito do universo é ele mesmo o próprio universo, cada homem é essencialmente criador. Resta que saiba que o é, e que saiba mostrar que o sabe: é a essa expressão, quando profunda, que chamamos poesia.

Não nos iluda Luís de Montalvor na expressão essencial dos seus versos: vive num mundo seu, como todos nós; mas vive com vida num mundo seu, ao passo que a maioria, em verso ou prosa, morre o universo que involuntariamente cria.

Palavras estranhas, porém verdadeiras. Como poderiam ser verdadeiras se não fossem estranhas?

♦

ANTÓNIO BOTTO E O IDEAL ESTÉTICO CRIADOR*

António Botto é o único poeta português, dos que sabemos que existem, a quem a designação de esteta se pode aplicar distintivamente, isto é, como definição bastante, sem acréscimo nem restrição. É este o teorema; o fim deste breve estudo é demonstrá-lo.

Todo poeta, porque todo artista, é forçosamente esteta, pois esteta significa, primariamente, cultor da beleza, e todo artista, e portanto todo poeta, é, pelo menos, cultor da beleza pela criação dela. Há, porém, poetas, e artistas, que criam be-

---

* Publicado como posfácio ao livro de António Botto *Cartas que me Foram Devolvidas*, Lisboa, 1932.

leza por um movimento íntimo espontâneo, em que a ideia de beleza não figura como elemento determinante: assim um Byron ou um Shelley olha menos à beleza possível do que cria que ao aliviar a alma do peso de uma emoção, e a criação da beleza é mais parte do alívio que preocupação direta. Outros há que, escravos embora da beleza, são todavia, no mesmo tempo, súbditos de outras preocupações, como a religiosa em Dante e Milton, e a psicológica em Shakespeare. Os primeiros não são inteiramente estetas; os segundos não o são exclusivamente. Em quase todos os casos, a palavra esteta é larga ou estreita de mais para definir o poeta. Define, bem ou mal, somente parte do seu espírito: só o inconsciente no primeiro caso exemplificado; só parte do consciente no segundo.

Designo por esteta, como é de sentir no que vai dito, o homem que faz consistir na contemplação da beleza, distinta da criação dela, toda aquela sua atitude crítica da vida a que chamamos o ideal; e que, por nessa contemplação concentrar o seu ideal todo, não admite neste nem elementos intelectuais, nem elementos morais, nem, enfim, elementos de qualquer ordem que não seja a contemplativa. Deduz-se disto que, por natureza e definição, o esteta propriamente tal, não é artista, pois que não é criador. Ora o caso de António Botto é que, sendo evidentemente criador, pois que é artista, é também demonstravelmente o tipo do esteta. Consubstancia-se com o tipo de que se afasta. Nisto, quando em mais não fosse, reside o interesse do caso e o da análise dele.

Nasce o ideal do nosso convencimento da imperfeição da vida: consiste na ideia de perfeição que derivamos, por contraste, da maneira como concebemos essa imperfeição. Ora é de três maneiras que podemos ter qualquer coisa, e portanto a vida, por imperfeita. Um exemplo, como sempre, di-lo-á, primeiro, melhor que uma definição.

Suponha-se que tenho uma oficina, sem uso possível de energia elétrica, e que para ela preciso de um motor de determinada força. Um fabricante oferece-me um motor exatamente do tipo e da força de que preciso, porém de estrutura defeituosa: rejeito esse motor por *imperfeito*. Outro fabricante oferece-me um motor do tipo de que preciso e de boa estrutura, porém de metade da força; rejeito esse motor por *insuficiente*. Um terceiro fabricante oferece-me um motor da força de que preciso e de boa estrutura, porém elétrico: rejeito esse motor por *errado*. Cada um dos três motores é imperfeito para o fim a que eu o destinaria; cada um porém o é de sua maneira, e em cada caso a imperfeição se nota por uma comparação. No primeiro caso, a noção de imperfeição resulta de comparar o motor com ele mesmo, pois o mesmo motor serviria se fosse perfeito; no segundo caso, de o comparar com um motor semelhante mas superior, isto é, diferente dentro da semelhança; no terceiro caso, de o comparar com um motor inteiramente diferente.

*

Pelo primeiro dos três critérios, aplicando-o ao conjunto da vida, tê-la-emos por imperfeita por comparação com ela mesma: falece naquilo mesmo por que se define, não é aquilo mesmo que por natureza deveria ser. Todo corpo é imperfeito porque, sendo corpo, não é perfeito como corpo; toda vida imperfeita porque, durando por essência, não dura sempre, e durar-sempre seria a perfeição de durar; toda a compreensão imperfeita porque, quanto mais se expande, em maiores fronteiras confina com o incompreensível que a cerca. Desta crítica do real, se a fizermos, tiraremos, por contraste, a nossa noção do ideal. Quiséramos que aquele corpo, sem deixar de ser aquele corpo, fosse aquele corpo com perfeição. Quiséramos que aquela mocidade, sem ser outra espécie de mocidade, durasse assim tal qual é; que aquele prazer, sem parar nem ser outro, tivesse por eterno o momento em que é um prazer que passa. Quiséramos que aquela compreensão, sem precisar de mais voo para compreender, abarcasse, num só grande abrir de asas, o espaço inteligível de tudo. Quiséramos, em suma, não uma vida perfeita, mas a perfeição da vida.

Ora a perfeição de uma coisa em si mesma resulta da sua absoluta identificação com a sua própria substância — com a sua matéria, se a sua substância é material; com a sua forma, se a sua substância é formal; com o seu fim, se a sua substância é ter um fim. E como este perfeito ajustamento, que, quando externo, se chama equilíbrio, se chama, quando interno[1], harmonia, convém ao ideal, que nele se funde, o nome de ideal harmónico. Como, porém, foram os gregos os que não só criaram este ideal, mas mais intimamente o incarnaram, e como era o deus Febo, ou Apolo, quem para eles o figurava na vida (pois na inteligência o figurava Atena), chamaremos a este ideal o *ideal apolíneo*.

*

    Pelo segundo dos três critérios, aplicando-o de igual modo, teremos a vida por imperfeita por a compararmos com uma vida maior; por, sendo vida, não ser contudo vida bastante. O conceito aqui é duplo: podemos querer mais vida em quantidade, ou mais vida em qualidade — esta vida multiplicada, ou esta vida superada; esta excedida, ou esta transcendida. No primeiro conceito a vida é pouca; no segundo conceito a vida é pouco. Pelo primeiro conceito, ser-nos-á ideal a vida em qualquer expansão, violenta ou desvairada, em que, sem se esquecer de si, se exceda. Pelo segundo conceito, ser-nos-á ideal uma vida que transcenda esta em qualidade, e que, por isso mesmo, em natureza se lhe oponha. Ao primeiro ideal, porque é da embriaguez da vida, chamaremos *dionisíaco*; ao segundo, porque é da transcendência dela, chamaremos *cristão*.

    Os dois ideais, que nascem destes dois conceitos, são em substância o mesmo ideal: são produtos do mesmo critério, efeito da mesma causa. Um é quantitativo, o outro qualitativo; mas qualidade e quantidade, na mesma matéria, são somente dois aspetos dela, como os aspetos côncavo e convexo da mesma superfície curva. Quando a água passa, em temperatura, de 99 para 100 graus centígrados, converte-se em vapor: mudou de quantidade em temperatura, mudou de qualidade em estado, o fenómeno foi só um. Mas estes dois ideais são idênticos, não só pela igual origem, senão também pelo modo igual em que se diferençam do ideal apolíneo. Aquele é harmónico e natural; estes desarmónicos e místicos. Aquele assenta na aceitação da vida; estes, de um modo e de outro, na comum negação dela. Baco e Cristo são, aliás, em certo grau do entendimento oculto, duas formas do mesmo deus. «Cristo Báquico» diz a inscrição por baixo da figura crucificada na jóia antiga do Museu de Berlim.

Idênticos na matéria, estes dois ideais são contudo, não só diferentes, mas opostos, na forma: são, repetindo a imagem e o exemplo, como os aspetos opostos, o côncavo e o convexo, da mesma superfície curva; como Baco e Cristo na ordem externa. Para o dionisíaco a vida é simplesmente estreita; para o cristão a vida é vil. Para um é uma jaula, de onde há que fugir para os campos, que não são mais seus que a jaula; para o outro uma estalagem, suja e alheia, onde espera ter que estar pouco, voltando à casa que é sua.

Para o dionisíaco, dissemos, a vida é simplesmente estreita. Todo corpo é imperfeito porque é um só corpo, que não todos; toda alma imperfeita porque é uma só alma, que não o conjunto das almas ou a alma universal do mundo. Não podermos pensar tudo, sentir tudo, ser tudo! Não haver uma emoção que possa ser todas as emoções, ou que, ao menos, pela sua intensidade, a todas valha, ainda que nos endoideça! E assim pensando, assim sentindo, o dionisíaco forma um de dois ideais, conforme o oriente a sua índole: ou viver, com o máximo de intensidade, o máximo possível da vida; ou, refugiando-se no sonho, vivê-la ali total, ainda que fictícia. Sim, porque o sonhador, se faz a vida consistir no sonho, não é mais que um dionisíaco subjetivo. E esta

forma do ideal dionisíaco está já, pela subjetividade, a meio-
-caminho do ideal místico, que é o verdadeiro ideal cristão.
Que é, aliás, a meditação do místico — visto que não é raciocínio — senão um sonho que esqueceu o nome?

Para o cristão, dissemos, a vida é vil. O símbolo desta
vida é o corpo, visto que é aquilo em que somos desta vida. E
que é o corpo? Uma coisa sujável, retalhável, senescível; uma
coisa que, quando, pela morte, fica a sós, assume logo o máximo da vileza, que é a podridão. Tudo quanto nele vale,
como a beleza, vale só pela alma que o anima; cessando esta
nele, tudo isso nele cessa. Só a alma, pois, que, por ser incor-
pórea, podemos considerar um corpo infinito, e, por infinito,
eterno e perfeito — só essa, e Deus que a criou, e a quem ela
se assemelha, são a verdade e a vida. A essência deste ideal é o
ser espiritualista; devemo-lo, expresso, a Platão, em cuja dou-
trina todo espiritualista se filia. Como, porém, é aquele plato-
nismo judaízado a que chamamos cristianismo que com mais
clara plenitude incarna, mística e asceticamente, o espiritualismo, chamámos a este ideal o ideal cristão.

*

Pelo último dos três critérios, aplicando-o como aplicá-
mos os outros, teremos a vida por imperfeita por a compararmos com uma vida, a verdadeira, inteiramente, substancialmente, diferente dela. Esta vida será um erro; será vil, se
vil, não tanto com a vileza do que é vil, quanto com a vileza
do que é falso. Como, porém, o que há de inteiramente, de

substancialmente, diferente da vida é aquilo que chamamos morte, temos que, por este critério, ou não há senão morte, e a mesma vida é morte, ou o que chamamos morte é a verdadeira vida.

Se não há senão morte, a vida é vida só por aparência; não é senão morte falsificada, fogo-fátuo pairando filho sobre a podridão-nata do universo. Tudo é nada, o Nada é tudo: só Caos é Deus e a Vida é o seu profeta. O ideal que de aqui resulta é o não haver ideal possível, pois é o não haver nada possível. E porque o Caos define bem a alma deste critério, chamaremos ao ideal, ou negação de ideal, que dele resulta, o *ideal caótico*.

Se porém aquilo que chamamos morte, ou seja, a negação da vida, é que verdadeiramente é a vida, então teremos por ideal uma vida que é a negação desta — não, como no ideal cristão, ou no dionisíaco, por ser outra vida ou mais vida, mas por não ser vida nenhuma. O erro, a imperfeição, é, não esta vida, mas a mesma vida. A não-vida será pois o nosso ideal. A morte, o nada — eis o ideal que teremos. Como, porém, a morte ou o nada, tomados como negações da vida, são inconcebíveis, criaremos uma morte viva, um nada que existe, como ideais. Como esta vida é matéria e consciência, essa outra — a mortal e verdadeira — será espírito e inconsciência; como esta é formada de coisas separadas — corpos, formas, seres —, aquela será formada de uma unidade sem nada, onde tudo, anulando-se, se funde. E como isto é o que está tipicamente expresso no Nirvana dos budistas, chamaremos a este ideal o *ideal búdico*.

Depreende-se de tudo quanto ficou dito que um ideal é simplesmente uma filosofia da vida, tomando a palavra filosofia como abrangendo, pois que naturalmente abrange, uma metafísica, uma ética e uma estética. Nem todos os homens, porém, formam de igual modo a sua filosofia da vida.

O homem é um animal incoerente, e é incoerente porque é duplo. Tem uma vida de sentidos, que o liga, por processos que vão desde a perceção até à vida social, ao mundo, inumano e humano, que o cerca; tem uma vida de inteligência, que o fecha em si mesmo, e assim o separa desse mundo. No homem em quem a vida da inteligência é apagada, a filosofia da vida vem dos sentidos e dos influxos externos: o seu ideal será aquele que uns e outros lhe impuserem. Esse homem, que é o homem vulgar, aproxima-se dos animais pela unidade do seu ser, filha legítima da inconsciência. Desde, porém, que no homem desperta e vive o pensamento abstrato, formou-se nele uma dualidade. Não pode furtar-se à vida dos sentidos; não pode negar-se a vida da razão.

Se é dois em sua vida como homem, o homem é contudo um em seu ser como animal. Quando, pois, como verdadeiro homem, sente a dualidade, a sua tendência, como verdadeiro animal, é anulá-la ou resolvê-la, isto é, estabelecer em si uma nova unidade, que, visto que é homem, deverá ser uma unidade superior.

Ou a estabelece, aparente ou realmente, ou a não consegue estabelecer. Pode estabelecê-la, ou supor que a estabelece, fazendo da sua vida intelectual um simples reflexo ou interpretação da sua vida sensual, do seu ideal um reflexo ou interpretação do seu temperamento, com tudo quanto, de sensual ou de social, o forma e nele se contém. Este processo é o processo filosófico: uma filosofia não é mais que a transmutação de um temperamento em interpretação do universo, a história intelectual de uma predisposição. Pode estabelecê-la, ou supor que a estabelece, fazendo do seu temperamento um escravo do seu ideal, isto é, compelindo esse temperamento a uma regra da inteligência. Este processo é o processo religioso: uma religião não é mais que uma subordinação dos sentidos a uma regra super-sensual, quer a simbolize o Cristo Crucificado das Igrejas ou o Compasso e Esquadro da Maçonaria.

O primeiro desses homens superiores, o filósofo, é o que vulgarmente chamam o sábio, não no sentido de saber por saber, mas de saber por pensar. O segundo desses homens superiores é o que vulgarmente chamam o santo, de que o chamado herói é o grau inferior, o estado animal, pois que o herói é o santo inconsciente e episódico, em quem a auréola é do sol externo que ilumina, que não do sol interno que vivifica. Há, porém, um terceiro tipo de homem superior — o que não resolve a dualidade que o constitui superior; esse terceiro homem superior é o artista.

Dissemos bem e mal. O artista não resolve a dualidade em unidade; resolve-a, porém, em equilíbrio. Ser artista provém de ter em igual desenvolvimento a atenção que está virada para o mundo e a vida, e a atenção que está virada para a inteligência; de ser solicitado igualmente pela matéria e pelo espírito; de dar, do fundo da vida e da razão, a César o que é de César e a Deus o que é de Deus.

A igual atenção à matéria e ao espírito faz que, instintivamente, cada coisa material seja pensada como espiritual, cada coisa espiritual como material: sendo as duas atenções iguais em força e existentes na mesma alma, os seus objetos entrepenetram-se, confundem-se, e cada um assume a natureza do outro. Ora uma coisa material pensada como espiritual é uma coisa material considerada na sua beleza, pois a beleza é o que a matéria tem de imaterial em si mesma. E uma coisa espiritual pensada como material é essa mesma coisa às avessas — um produto do espírito entregue ao mundo externo como beleza. A essa coisa chamamos obra de arte, e artista àquele que a cria.

O artista é a forma mais alta do homem superior. O santo é do tipo dos Anjos, cujo mister é crer; o sábio é do tipo dos Arcanjos, cujo mister é compreender; o artista, porém, é do tipo dos Deuses, cujo mister é criar.

*

Por sua mesma natureza é o ideal apolíneo o ideal artístico, isto é, o único ideal cuja natural manifestação é a obra de arte.

Vimos que o artista é por natureza um espírito superior em quem a solução da dualidade se faz pelo equilíbrio, isto é, pela harmonia. O ideal apolíneo é o único ideal harmónico. Harmónico, aliás, lhe chamámos, antes que o alcunhássemos de apolíneo. Mas não é só por esta coincidência íntima que o ideal apolíneo é o ideal artístico; há outra e mais notável razão.

Fazer arte é tornar o mundo mais belo, porque a obra de arte, uma vez feita, constitui beleza objetiva, beleza acrescentada à que há no mundo. Fazer arte é aumentar a vida, porque é aumentar a compreensão, ou a consciência, dela. Para que esta atividade lembre e preocupe, é mister que quem a pratica tenha, consciente ou inconscientemente, um ideal baseado no mundo e na vida. O ideal apolíneo é, como vimos, o único que se baseia no mundo e na vida, surgindo da comparação deles com eles mesmos, como se nada mais houvesse com que os comparar.

Um dionisíaco, se o for deveras, quer viver ou sonhar, que não fazer arte: tudo, quanto se der à arte, rouba-se à vida ou ao sonho. Um cristão, se o for deveras, também não pensa em fazer arte: para que desviar da contemplação de Deus e da salvação da alma um minuto que seja do tempo, para com o emprego dele ir aumentar as hostes que o são da vileza e do pecado? O caótico, se o for deveras, fará uma só coisa — suicidar-se-á no momento em que conceba, em plenitude e sinceridade, o seu ideal noturno. E ao budista, se o for deveras, nada importa senão o que seja repúdio, místico e ascético, da vida, imersão do ser no abismo divino, morte viva, que é a única realidade. Que tem o caótico que acrescentar ao mundo, se o mundo é nada? Que quer o budista acrescentar-lhe, se o mundo é ilusão?

Todo artista é pois, como tal, um expositor involuntário do ideal apolíneo. É-o com aquela vida de sentidos de que se forma o seu temperamento; pode ser outra coisa, seguir outro ideal, com a vida da sua inteligência. Pode servir-se da poesia, como Dante, para expor um ideal cristão; como Whitman, para expor um ideal dionisíaco; como Omar Khayyam ou Swinburne para expor um ideal caótico, exprimindo-o no vinho, como o primeiro, no sono, como o segundo. A oferenda, qualquer que seja o deus a que se destine, leva-a ele sempre, sonâmbulo, ao templo de Apolo. Os passos com que queria ir, consciente, a Jerusalém ou ao Nada, conduzem-no, inconsciente, a Timbra ou a Delfos[2].

Quer dizer, a dualidade, que aparentemente se resolvera pelo equilíbrio, nunca, afinal, se resolveu. Resolver é inclinar-se, e o equilíbrio é não haver inclinação. O artista ficou entre o filósofo e o santo, fusão dos dois e negação de ambos: como o filósofo, pensa, mas não tem opiniões; como o santo, dedica-se, mas não sabe a quê. Provam-no de dois modos opostos os dois maiores poetas do mundo: em Homero não há filosofia nem crença; em Shakespeare há todas.

Há, porém, um tipo de artista em quem a dualidade automaticamente se resolve: existe em tal forma que a si mesma se nega. É o caso do artista que tenha, como homem, o ideal apolíneo, que é o mesmo que tem como artista. Como homem, faz tudo consistir na objetividade; como artista, faz tudo consistir na criação de formas objetivas. A harmonia nele é pois perfeita; não é já, porém, a harmonia do equilíbrio, mas a da identificação.

*

O ideal, dissemos, provém do nosso convencimento da imperfeição da vida, consiste no critério de perfeição que opomos a essa imperfeição. Para o dionisíaco, que acha a vida pouca, o ideal está em mais-vida ou em toda a vida; a perfeição para ele consistirá na intensidade, na força, se for objetivista; no sonho, se for subjetivista. Para o cristão, que acha a vida pouco, o ideal está em vida, mas outra vida; a perfeição para ele consistirá na espiritualidade. Para o caótico, que acha a vida nada, o ideal está em não existir; a perfeição para ele consistirá na inconsciência. Para o budista, que acha a vida ilusão, o ideal está no abandono da vida; a perfeição para ele consistirá na renúncia.

Para o apolíneo, porém, que acha a vida simplesmente imperfeita, o ideal está na mesma vida, mas perfeita. Mas, como a vida é por natureza imperfeita, esse ideal reduz-se a uma vida o menos imperfeita possível.

A vida compõe-se de contemplação e ação. Em todos os homens há um elemento contemplativo e um elemento ativo: em uns, porém, predomina o elemento ativo, e são estes o maior número; em outros, o elemento contemplativo, e são estes o menor; em outros ainda, os dois elementos equilibram-se, e estes, que em número estão entre os outros dois, estão entre eles também em índole.

Para o homem de tipo ativo, uma vida o menos imperfeita possível reduz-se a uma vida o menos imperfeita possível naquilo que é ação, visto que para esse homem a vida é essencialmente ação. A ação, humanamente entendida, consiste principalmente nas relações entre os homens e na atitude de cada homem para com a vida. A qualquer destas atitudes se chama «o dever». O ideal que nasce de aqui é pois o ideal moral, entendendo-se por ideal moral um ideal de dever, ou de virtude, em que se não inclui elemento algum que não seja desta vida, como seria, por exemplo, o de recompensa ou castigo em uma vida subsequente. Se assim fosse, estaríamos fora do ideal apolíneo. O ideal moral preocupou extensamente os gregos antigos, que formaram dele vários tipos, incluindo alguns, como o hedonístico, a que nós hoje, dando à palavra *moral* um sentido restrito e cristão, hesitaríamos em aplicar essa palavra. Ao ideal moral poderíamos, até, chamar o ideal socrático, em homenagem àquele grego sublime que com ele mais, e mais profundamente, se preocupou.

Para o homem de tipo misto, a vida o menos imperfeita possível será aquela que funda o que há de menos imperfeito na ação com o que há de menos imperfeito na contemplação, servindo-se de cada um desses elementos para corrigir o outro. Do primeiro elemento emerge como ideal, como vimos, o dever; do segundo emerge como ideal, como veremos, a beleza. Qualquer coisa onde se fundam o dever e a beleza será pois o ideal para este tipo de apolíneo. Essa coisa é a glória, conforme os gregos a entendiam — o cumprimento esplendoroso do dever. A este ideal podemos bem chamar o ideal heroico. Era o ideal de quase todos os gregos, pois era o ideal harmónico dentro do ideal harmónico. Uma glória imoral seria, para um grego antigo, uma coisa contraditória e incompreensível.

Para o homem de tipo contemplativo, a vida o menos imperfeita possível será aquela, simplesmente, que mais perfeita se nos apresente, que mais perfeita vejamos; pois, excluído todo elemento de ação, tudo, desde a pedra ao homem, passa a ser tão-somente «mundo externo». Mas a única coisa que, no mundo externo, lembra a perfeição, ou se aproxima dela, é aquilo a que chamamos beleza. Para o apolíneo contemplativo o ideal consistirá, pois, não na contemplação em geral, mas na contemplação particular da beleza. Nada importa a moral ou o dever, pois são ação; pouco importa a glória, pois contém ação; a beleza basta. A este ideal compete, pois, naturalmente, o nome de ideal estético.

*

Os antigos gregos foram, pois que se revelaram, os naturais apolíneos; neles incarnaram os três ideais apolíneos em simplicidade e perfeição. Nunca, como entre eles, houve o amor ao dever humano, sem outra preocupação que não a humana. Nunca, como entre eles, houve o amor à glória e ao heroísmo, porém, ao heroísmo por glória, que não ao heroísmo por martírio. Nunca, como entre eles, houve o amor à beleza, sem moral nem uso, só por ser beleza.

Um socrático, um heroico ou um esteta, tinha, nascido que fosse na Grécia antiga, o ambiente propício à realização do seu ideal — tanto, é claro, quanto um ideal se pode realizar. O ideal íntimo ajustava-se ao ideal social. E assim o homem era um indivíduo verdadeiro, que não, como a maioria de nós de hoje, um indivíduo amador. Daí a extraordinária perfeição cívica e moral da vida grega, que só consideraremos imoral, em certos aspetos, se a avaliarmos por critérios morais diferentes, isto é, se a não soubermos avaliar. Daí a extraordinária plenitude heroica e gloriosa da Grécia — na guerra como nos ludos, na arte como na vida. Daí a extraordinária atenção dos gregos à beleza, que exigiam, e por isso punham, não, como nós, aqui e ali e de vez em quando, e como superfluidade ou sobremesa, mas em tudo e sempre, e como necessidade ou alimento.

Assim um esteta, propriamente dito, nascido na Grécia antiga, abria os olhos e via em tudo a beleza que desejava. Ficava quem era, quedava-se, contemplava e assim vivia. Suponhamos, porém, um temperamento de esteta, nascido, por não sabemos que mistérios da hereditariedade ou da reencarnação, em um tempo como o nosso. Passaram sobre os tempos da Hélade dois mil anos de civilizações diferentes: o ideal apolíneo deixou de existir, exceto nos artistas, em quem é nato; séculos e séculos de barbárie, de cristianismo e de universalidade fruste turvaram a clareza da vista, soterraram o mundo externo, esconderam a beleza, como a Palavra do Mestre, sob o nono arco da ilusão. Perante um mundo externo assim confuso e obscuro, o esteta, amante da luz que é de Apolo, terá um sentimento — o da revolta. Reagirá, e a reação é uma ação. Passará de contemplativo a ativo, de esteta a artista. Gritará o que calaria, cantará o que preferiria ouvir.

É este o caso especial de António Botto.

Para a demonstração completa do que nos propusemos demonstrar falta somente que provemos que António Botto é o tipo exato do esteta, no sentido, cada vez mais preciso, que viemos a dar a esta palavra através dos raciocínios que nos levaram à alma dela. Não temos que provar que António Botto nasceu em nosso tempo, pois ele aqui está; nem que é artista, pois ele o é sem que o provemos. E há que notar que, para o caso da nossa demonstração, nada importa o que ele valha como artista. Por nós, julgamos que é um artista admirável, o que dizemos, porém, só para que se saiba que o pensamos. Poderia não ser um artista admirável, que a linha da demonstração não sofreria desvio. É um artista; nasceu em nosso tempo; falta provar que é o tipo exato do esteta, tal qual o definimos. É o que vamos provar.

Vimos que o esteta é o homem que ama a beleza contemplativamente, isto é, sem nela admitir elemento algum de ação; e isto quer dizer, como também vimos, que o ideal estético exclui o ideal moral, pois que o ideal moral é o que nasce da ação. Ora o ideal moral compreende três graus, ou níveis: a moral instintiva ou animal; a moral social; a moral intelectual. A moral animal fecha-se dentro de dois instintos — o instinto de conservação e o instinto de reprodução; o amor à vida, e o amor ao sexo oposto. A moral social resume-se na noção do dever. A moral intelectual concentra-se na ideia do Bem. Será esteta, pois, aquele cujo ideal de beleza se revele livre da atração da vida ou do sexo oposto, de qualquer noção do dever, de qualquer ideia do Bem. Livre, porém, não quer dizer oposto, pois que o ideal estético, que é um ideal apolíneo, não é um ideal de negação, mas de harmonia. O esteta ama a beleza onde quer que a veja, sem restrição moral: na vida como na não--vida, no sexo oposto como no próprio; no dever como na falta a ele, se na falta a ele houver beleza; no Bem como no Mal, se o Mal for, como Lúcifer, a Estrela da Manhã.

A obra de António Botto ajusta-se geometricamente a tudo quanto seria, por o que dissemos, de esperar da obra de um esteta. Canta a vida, mas tão debilmente que, nas mesmas palavras em que a canta, a renega; o que sente nela de belo é o que dela se perde, a sua fluida e fútil inutilidade. Canta, indiferentemente, o corpo feminino e o masculino; se qualquer deles é belo, o que é que, para o esteta, os distingue? Animam--no, como poeta e artista, os heróis e os criminosos, desde que o mesmo sol os doire belos. Para ele — como, aliás, para o Evangelho — cai igual a beleza da chuva sobre o campo do justo e do injusto. Não citaremos um verso, nem faremos um extrato, em apoio do que dizemos: citamos a obra inteira do artista, pois nem uma linha dela nos desmente.

Esta demonstração está completa. Antes, porém, que a fechemos, há um ponto que desejamos, não demonstrar, mas esclarecer. A estupidez psicológica elegeu, de há muito, para escândalo postiço o modo como António Botto acentua o seu afeto à beleza masculina. Quem tiver lido com atenção este estudo não precisa de esclarecimento, pois que a demonstração já o contém. Muitos, porém, precisam de que o explicado se lhes explique. São para esses estas últimas linhas.

O esteta que é artista é-o, conforme demonstrámos, em virtude de uma reação contra o ambiente hostil que lhe não permite ser só esteta. Nessa reação sobressaem, como é natural, aqueles elementos do ideal estético que mais possam ferir esse ambiente. Toda boa defesa é uma contra-ofensiva. A noção da beleza masculina é, de todos os elementos do ideal estético, aquele que mais pode servir de arma contra a opressão do nosso ambiente; daí o servir-se António Botto dela com uma constância e uma persistência que há não só que compreender, mas que louvar.

António Botto é um esteta grego nascido num exílio longínquo. Ama a Pátria perdida com a devoção violenta de quem não poderá voltar a ela. Daí o que na sua obra há de estrangeiro, de saudoso e de triste. É como, nas noites sem lua, aquele brilho ténue, vindo do céu, não se sabe de onde, que toca de prata negra a solidão inquieta do mar.

♦

A POESIA NOVA EM PORTUGAL

[...]

A poesia nova — no sentido em que aqui uso e usarei do termo — pode designar-se tal: 1) em virtude do conteúdo; 2) em virtude da forma, entendendo-se por «forma», não o simples ritmo ou estrutura externa, mas o conjunto dos fatores cujo produto é a expressão; 3) em virtude de ambas as coisas. Exemplifico. José Régio é «poeta novo» pelo conteúdo de seus poemas; a sua forma não apresenta novidade ou, pelo menos, não a apresenta notável. António Botto é «poeta novo» pela forma ou «maneira» das suas canções; o conteúdo delas é antiquíssimo, pois que existe integralmente nas cantigas do nosso povo. Num caso, poderíamos dizer com justeza, temos um «poeta novo»; no outro um «artista novo da poesia». Em Adolfo Casais Monteiro conteúdo e forma são, por igual, novidade, se bem que não, um e outro, ainda definidos. Repare-se que não há nisto, involuntariamente sequer, uma comparação de méritos; há tão-somente uma notação de diferenças. Não louvo, não censuro: distingo.

Para que, porém, o termo genérico «poesia nova» possa convir por igual a duas espécies opostas — pois «conteúdo» e «forma», como aqui os entendo, são termos em contraste lógico —, força é que eles tenham qualquer elemento geral comum, sem o que seriam, não já espécies, mas géneros, diferentes, ou, então, espécies de dois diferentes géneros.

Ora não é difícil encontrar esse elemento comum. Consiste ele no individualismo absoluto. Não uso deste termo, bem entendido, em qualquer sentido político ou social, ou sequer filosófico; se bem que necessariamente os poetas e outros artistas e intelectuais novos — o fenómeno é, como seria de supor, comum a todos os géneros da vida mental de hoje — tendem a ser mais atraídos pelos sistemas individualistas em sociologia e política do que pelos sistemas que a estes são opostos. E tanto assim é que, à medida em que se têm ido afirmando e acentuando os estados autoritários hoje em moda, em essa mesma medida se têm ido confirmando na sua hostilidade ou afastando, para a indiferença quando não para a oposição, os poetas, os artistas e os intelectuais designáveis de «novos». Desse aspeto do assunto, porém, não tenho, felizmente, que tratar. Repito: uso do termo «individualismo absoluto» no sentido puramente estético, pois é a arte em geral, e uma forma dela em particular, em que me ocupo neste estudo.

Individualismo absoluto, neste sentido especial, significa a tendência e tensão do artista para exprimir inteiramente a sua alma, com tudo quanto nela se contém. Assim, queira ou não queira, ele a opõe, em emoção e sua expressão, às almas dos outros, pois que não é outro; às coisas que não são indivíduos, visto que é indivíduo.

[...]

◆

[Shakespeare e Leonardo]

Na verdade, Hamlet é, de forma diferente daquela que outrora se pensava, a representação essencial do seu criador. É um homem grande de mais para si próprio. Assim foi Shakespeare, assim foi Leonardo da Vinci. Estes homens tinham demasiada alma para a realização. Não é a tragédia da inexpressão, mas a tragédia maior de uma excessiva capacidade de expressão e demasiadas coisas para exprimir mesmo para essa capacidade. Ninguém se revela a si próprio por não o poder fazer, mas homens como Shakespeare e Leonardo não se revelam porque o podem fazer. São prefigurações de algo maior do que o homem e quedam-se, frustrados, na fronteira. São falhados, não por terem podido fazer melhor, mas porque o fizeram de facto. Superaram-se a si próprios e falharam. [...]

For Hamlet is, in a different way than was once thought, the essential figurement of his creator. He is a man too great for himself. Such was Shakespeare, such was Leonardo da Vinci. These men had too much soul for accomplishment. It is not the tragedy of inexpression but the larger tragedy of too much capacity for expression and too much to express even for that capacity. No man reveals himself because he cannot, but men like Shakespeare and Leonardo do not reveal themselves because they can. They are prefigurements of some greater thing than man and are frustrated on the frontier. They are failures, not because they could have done better, but because they have done better. They have surpassed themselves and failed.
[...]

♦

SHAKESPEARE

Os maiores defeitos da atitude cristã em relação à vida podem ser observados no maior poeta que ela produziu. As peças e poemas de Shakespeare são, de um ponto de vista puramente artístico, o maior fracasso que o mundo já presenciou. Nunca aqueles elementos se juntaram na mente humana como na mente de Shakespeare. Ele tinha, num grau nunca antes ultrapassado, o dom lírico em todas as suas modalidades (exceto um); ele tinha, num grau nunca antes ultrapassado, a intuição do caráter e a ampla compreensão da humanidade; ele tinha, num grau nunca antes ultrapassado, as artes da dicção e da expressão. Mas faltava-lhe isto — equilíbrio, sanidade, disciplina. O facto de ter entrado em estados mentais tão distanciados entre si quanto a abstrata espiritualidade de Ariel e a grosseira humanidade de Falstaff criou, em certa medida, um equilíbrio no seu desequilíbrio. Mas, no fundo, não é sensato nem equilibrado. Incapaz de construir, de desenvolver, de procurar o equilíbrio entre uma coisa e outra, ele apresenta-se-nos como o exemplo que encarna as deficiências cristãs.

Se o compararmos a Milton, tais deficiências tornam-se ainda mais evidentes. A falta dum sentido de proporção, dum sentido de unidade e dum sentido de progressão e interação, que Shakespeare evidencia, é tão extraordinária como vulgar é o facto de ser algo que patentemente acontece em qualquer poeta cristão.

A nossa civilização, tão rica e complexa, produziu líricas extraordinárias, tão incomparáveis em alcance e profundidade como em compreensão e subtileza. Mas não produziu nenhum conseguimento supremo na poesia e na literatura construtivas.

SHAKESPEARE

The fundamental defects of the Christian attitude towards life can be seen in the greatest poet it has produced typical of itself. The plays and poems of Shakespeare are, from the pure artistic standpoint, the greatest failure that the world has ever looked on. Never have such elements been gathered in one mind as were found in the mind of Shakespeare. He had, in a degree never surpassed, the lyrical gift in all its modes (except one); he had, in a degree never surpassed, the intuition of character and the broad-hearted comprehension of humanity; he had, in a degree never surpassed, the arts of diction and of expression. But he lacked one thing — balance, sanity, discipline. The fact that he entered into states of mind as far apart as the abstract spirituality of Ariel and the coarse humanity of Falstaff did to some extent create a balance in his unbalance. But at bottom he is not sane nor balanced. Incapable of constructing, of developing, of balancing one thing against another, he stands forth to us as the incarnate example of Christian deficiencies.

If he be compared with Milton, the deficiencies become glaring. The lack of sense of proportion, of sense of unity, and of sense of development and interaction shown by Shakespeare are so extraordinary, as the fact that they happen to a Christian poet is an ordinary one.

Our civilization, so rich and so complex, has produced extraordinary lyrics, unparalleled in range, depth and comprehension and subtlety. It has not produced any supreme achievement in constructive poetry and literature.

◆

[A tragédia de Shakespeare]

Grandes como são as suas tragédias, nenhuma delas supera a tragédia da sua própria vida. Os deuses concederam-lhe todos os grandes dons, salvo um; e esse que lhe negaram foi a faculdade de usar esses grandes dons com grandeza. Destaca-se como o maior exemplo do génio, génio puro, génio imortal e inútil. O seu poder criador quebraram-no em mil fragmentos a tensão e opressão da vida. Não passa dos farrapos de si próprio. *Disjecta membra* disse Carlyle, é o que nós temos de qualquer poeta ou de qualquer homem. Acerca de nenhum poeta ou homem se pode afirmar o mesmo com mais verdade do que acerca de Shakespeare.

Ergue-se perante nós melancólico, espirituoso, por vezes semilouco, sem nunca pender o seu domínio do mundo objetivo, sabendo sempre o que pretendia, sempre sonhando com altos propósitos e impossíveis grandezas, e sempre despertando para fins mesquinhos e baixos triunfos. Foi esta, esta e não outra, a sua grande experiência da vida; pois não há grande experiência da vida que não seja, afinal, a experiência calma de uma desilusão sórdida.

O vacilar dos seus propósitos; a sua vontade incerta; as suas emoções violentas e fictícias; os seus grandes pensamentos amorfos; a sua intuição, a maior que jamais houve, que via claro através de um pensamento exprimindo-o como se fosse este que falasse, vivendo uma vida alheia até ao seu sangue e carne, e falando como o próprio homem nunca o poderia fazer; as suas faculdades de observação, reunindo um todo num só aspeto de importância primacial; a sua capacidade prática nascida da rápida compreensão das coisas… […]

Great as his tragedies are, none of them is greater than the tragedy of his own life. The Gods gave him all great gifts but one; the one they gave not was the power to use those great gifts greatly. He stands forth as the greatest example of genius, pure genius, genius immortal and unavailing. His creative power was shattered into a thousand fragments by the stress and oppression of life. It is but the shreds of itself. *Disjecta membra*, said Carlyle, are what we have of any poet, or of any man. Of no poet or man is this truer than of Shakespeare.

He stands before us, melancholy, witty, at times half insane, never losing his hold on the objective world, ever knowing what he wanted, dreaming ever high purposes and impossible greatnesses, and waking ever to mean ends and low triumphs. This, this was his great experience of life; for there is no great experience of life that is not, finally, the calm experience of a sordid disillusion.

His wavering purpose; his unsettled will; his violent and fictitious emotions; his great, formless thoughts; his intuition, the greatest that has ever been, seeing right through a thought and expressing it as if the thought itself spoke, living an alien life down to its blood and flesh and speaking from it as the man himself could never have done; his power of observation, gathering a whole thing into one paramount aspect; his practical ability born of his quick understanding of things…

[…]

◆

GOETHE

O homem de génio é um intuitivo que se serve da inteligência para exprimir as suas intuições. A obra de génio — seja um poema ou uma batalha — é a transmutação em termos de inteligência de uma operação superintelectual. Ao passo que o talento, cuja expressão natural é a ciência, parte do particular para o geral, o génio, cuja expressão natural é arte, parte do geral para o particular. Um poema de génio é uma intuição central nítida resolvida, nítida ou obscuramente (conforme o talento que acompanhe o génio), em transposições parciais intelectuais. Uma grande batalha é uma intuição estratégica nítida desdobrada, com maior ou menor ciência, conforme o talento do estratégico, em transposições táticas parciais.

O genio é uma alquimia. O processo alquímico é quádruplo: (1) putrefação, (2) albação, (3) rubificação, (4) sublimação. Deixam-se, primeiro, apodrecer as sensações; depois de mortas, embranquecem-se com a memória; em seguida rubificam-se com a imaginação; finalmente se sublimam pela expressão.

*

Não é por simples literatura que, nestas palavras preliminares, me servi de imagens e comparações extraídas da ciência hermética. Essas imagens e comparações surgem naturalmente quando o assunto é Goethe, pois que tanto no primeiro quanto (e ainda mais) no segundo *Fausto* ele escreveu simbolicamente, hermeticamente até, em muitos pontos. Não se pode escrever sobre Goethe sem algum entendimento das cinco disciplinas simbólicas a que conveniente[mente] se chama «as ciências ocultas».

Goethe era um intuitivo e um observador. O magnífico equilíbrio do seu espírito — manifestado mais na vida que nas obras — provém do modo como aquelas duas feições do seu espírito se completam, se complementam, se equilibram. O que nessa obra é falho e fruste — a deficiência, por vezes assombrosa, de construção, a falta de disciplina estética e racional — provém de que a essas duas qualidades opostas do espírito ele não acrescentava a inteligência discursiva, quer como raciocínio, quer como instinto de distribuir e de compor.

É curioso compará-lo a Shakespeare, que também foi um intuitivo e um observador. Shakespeare foi, porém, mais intuitivo que Goethe; e foi observador diferentemente. Foi mais intuitivo que Goethe porque a sua intuição foi menos desvirtuada por cultura, e o seu poder de expressão — por vezes sobre-humano — era superior ao de Goethe. Foi observador diferentemente porque, ao passo que a objetividade de Goethe se derivava de observação natural ou física, a de Shakespeare era psicológica e poética.

◆

VICTOR HUGO

Mas essas constantes frases colossais de Victor Hugo? Essas frases realmente suprem o lirismo essencial, são o lirismo de superfície. O verdadeiro lírico dispensa grandes frases, belezas de metáforas, imagens sublimes; o mistério da sua arte está nisso mesmo. Canta com a alma e da alma, não com a inteligência, imaginativa ou não. É evidente que se, além do seu lirismo essencial, o grande lírico tiver a beleza de superfície também, será tanto maior. Só que essa beleza, por natureza de superfície, essas frases, essas metáforas, essas imagens, serão pelo grande lírico transmutadas para lirismo puro. O lirismo far-lhes-á perder o seu caráter superficial. São desta ordem as frases célebres, as imagens célebres de Shakespeare, essa segunda Natureza, mais espiritual do que a primeira.

Quem lê Victor Hugo, pensa que o homem que escreveu aqueles poemas pode ter sido um sincero, mas também pode não o ter sido. A sinceridade não é evidente. Eis o que não acontece com o verdadeiro lírico. Do patriotismo de Victor Hugo, ou da sua grande intensidade, um crítico pode, sem ser por isso coisa que se pareça com estúpido, duvidar. Mas ninguém pode duvidar do patriotismo de Camões. Veja-se como é lírico através dos obstáculos da expressão mitológica e da grandiloquência este dístico final de uma estância de Camões:

> *Por que de vossas águas Febo ordene*
> *Que não tenham inveja às de Hipocrene.*[1]

É que a grandiloquência lírica é diferente da grandiloquência retórica.

Os retóricos têm a grande vantagem de serem facilmente compreendidos por grandes e de não perderem muito com a tradução, porque as frases epigramáticas e retóricas passam com facilidade de língua para língua. O lírico não. É quase impossível traduzir poesia lírica; precisa um tradutor lírico também, mas perde sempre. A pior poesia é esta. Que fica dos sonetos de Shakespeare em uma tradução? O que fica das suas canções espalhadas pelos dramas? Quem poderá reproduzir por tradução uma poesia lírica de Shelley? Como traduzir bem um soneto de Antero, sem desaparecer, pelo menos, aquela música suave, triste e penetrante, íntima de lirismo, que é parte psicologicamente componente da grandeza lírica de Antero? E, para último e flagrantíssimo exemplo, tomemos o célebre soneto de Camões «Alma minha gentil». Traduzido, nenhum estrangeiro compreende onde esteja a beleza daquela linguagem sem imagens, metáforas nem frases, direta e simples, quando é justamente aí que a beleza toda está, una com o movimento lírico contínuo e íntimo do ritmo inquebrado e dolorido. Um grande poeta retórico ou epigramático pode ser lido em tradução, sendo ela boa; quem não sabe a língua, escusa, havendo essa boa tradução, de por tão pouco a estudar. Mas quem quiser ler um poeta lírico não pode aceitar tradução alguma, por fiel que seja mesmo à alma do poeta. Tem de aprender a língua em que a poesia foi escrita. A tradução de um poeta lírico só serve para dar uma ideia do que ele escreveu e sobre o que escreveu; o leitor dela deve porém estar sempre premunido com uma certeza: a de que essa tradução por boa que seja é ao mesmo tempo incompleta e falsa.

A atitude dos maiores críticos com respeito a Victor Hugo é facilmente explicável. Sentem instintivamente que ali não está o lirismo supremo, mas sentem inquietamente que o poder imaginativo é enorme. Deficientes em análise voam e revoam em torno ao enigma sem o compreenderem bem.

Confesse-se: realmente causa certa inveja ver a extraordinária exuberância imaginativa de um poeta que, ainda assim, não é um imaginativo supremo; causa certa inveja a facilidade dentro da inconsciência com que tudo aquilo é tumultuosamente dito. Ou desejamos que o que ele diz seja mais estúpido, ou então que ele tenha mais consciência e compreensão das sublimidades que diz, ou, melhor, que se acham expressas no espírito dele. O caso é porém que, se fosse sem valor o que ele escreveu, o problema cessava; e se ele tivesse consciência absoluta da grandeza do que diz, isto é, se analisasse os seus pensamentos, não seria capaz de os ter daquele modo, expressos daquela maneira e com aquela exuberância. A grandeza e a pequenez do homem são as duas faces da sua natureza. É ocioso tentar conceber no reverso de uma moeda de tostão o reverso de um vintém ou de uma libra.

◆

EDGAR ALLAN POE*

[...] Edgar Poe é das figuras literárias mais notáveis da América Inglesa. Foi poeta, novelista e crítico. Como poeta procedeu um pouco, superficialmente e no começo, de Byron;

---

* Prefácio a Edgar Allan Poe, *William Wilson*, trad. de Carlos Sequeira (pseudónimo de Augusto Ferreira Gomes), Lisboa, Edições Delta, 1923.

muito, e profundamente, de Coleridge e da corrente chamada «do maravilhoso» no movimento romântico. Como crítico tem frequentes pormenores de subtileza, porém nada fez nem de profundo, nem de notável. Como novelista deixou, a par de várias obras frouxas e sem imortalidade possível, alguns contos que não poderão esquecer.

O que há de mais notável na sua personalidade complexa é a justaposição — mais que a fusão — de uma imaginação vizinha da vesânia com um raciocínio frio e lúcido. Na imaginação visionadora do estranho ninguém o superou ainda, salvo, talvez, Sá-Carneiro, cuja intuição do Mistério era, talvez por uma razão de raça, mais completa. Na determinação alucinada de estados mórbidos — como no pavoroso feiticismo da «Berenice» — poucos, se alguns, o terão igualado. Nos contos «de raciocínio» não apareceu ainda seu igual.

Os seus melhores poemas distinguem-se por uma sugestão imaginativa profunda e uma mestria subtil do ritmo. Nos seus melhores contos fundem-se, como em um outro mundo, o delírio da imaginação e a clareza da fixação desse delírio.

A sua influência principal procede da sua criação do conto chamado «policial» e do romance pseudo-científico. Todos os romances «policiais» modernos descendem de «O Escaravelho de Oiro» e dos três contos em que figura como protagonista o célebre C. Augusto Dupin. Todos os romances pseudo-científicos, género Verne e Wells, nascem da «Extraordinária Aventura de um tal Hans Pfall» e de outras narrativas análogas.

◆

[Poe e Shelley]

Tanto Poe quanto Shelley foram poetas do espiritual, mas há uma grande diferença entre eles. Shelley descreve o espiritual como espiritual; Poe descreve o espiritual como não humano. Shelley vê a grandeza, a jubilosa grandeza do Problema da vida; Poe também vê essa grandeza, mas vê, não menos, o seu horror. Shelley coloca diante de nós o grande problema relacionando-o com a alma, que é consolada pela sua alegria e amor ilimitado; Poe coloca o problema diante de nós relacionando-o com a mente, que é esmagada pela sua insolubilidade.

Both Poe and Shelley were poets of the spiritual, but they have a great difference. Shelley describes the spiritual as the spiritual; Poes describes the spiritual as the not human. Shelley sees the grandeur, the joyous greatness of the Problem of life; Poe sees also this greatness but he sees none the less its horror. Shelley puts the great problem before us in reference to the soul that is warmed by its joyousness and its limitless love; Poe puts the problem before us in reference to the mind, wich is crushed by its insolubility.

A PROPÓSITO DE OSCAR WILDE

A circunstância central, é claro, é que Oscar Wilde não era um artista. Ele era outra coisa: aquilo a que se chama um «intelectual». É fácil ter uma prova disso, por estranha que tal afirmação possa parecer.

Não há dúvida de que a grande preocupação de Wilde era a beleza, de que ele era, na verdade, mais um escravo do que um mero amante. Essa beleza era especialmente de tipo decorativo; de facto, dificilmente se pode dizer que seja de qualquer outro tipo que não o decorativo. Mesmo aquela beleza moral ou intelectual que ele admira, ou por que anseia, tem um caráter decorativo. Pois é aos sentimentos e ideias que podem ser considerados decorativos que ele se entrega com amor. Ele faz com que todas as outras coisas se tornem mentalmente subservientes perante a perspetiva da beleza intelectual. Pensamentos, sentimentos, fantasias — têm valor para ele apenas na medida em que podem prestar-se à decoração e acomodação da sua vida interior. [...]

CONCERNING OSCAR WILDE

The central circumstance, of course, is that Oscar Wilde was not an artist. He was another thing: the thing called an "intellectual". It is easy to have proof of the matter, however strange the assertion may seem.

There is not a doubt of the fact that Wilde's great preoccupation was beauty, that he was, if anything, rather a slave to it, than a mere lover of it. This beauty was especially of a decorative character; indeed, it can hardly be said to be of any character but a decorative one. Even that moral or intellectual beauty which he craves for or admires bears a decorative character. For it is the feelings and the ideas which may be considered as decorative which he loves and indulges in. He makes all other things mental subservient to this outlook upon intellectual beauty. Thoughts, feelings, fancies — these are to him valuable only insofar as they can lend themselves to the decoration and upholstering of his inner life. [...]

◆

OSCAR WILDE

De todos os aventureiros das artes que são fúteis e de mau gosto, e cuja múltipla presença distingue negativamente os tempos modernos, ele é uma das maiores figuras, pois é honesto com a falsidade. A sua atitude é a única verdadeira numa época em que nada é verdadeiro; e é verdadeira porque conscientemente não verdadeira.

A sua pose é consciente, ao passo que à volta dele só há poses inconscientes. Ele tem, portanto, a vantagem da consciência. É representativo porque é consciente.

Toda a arte moderna é imoral, porque toda a arte moderna é indisciplinada. Wilde é conscientemente imoral, e tem, portanto, uma vantagem intelectual.

Ele interpretou em teoria tudo o que é a arte moderna, e, apesar de as suas teorias às vezes oscilarem e se enviesarem, ele é sem dúvida representativo, pois todas as teorias modernas são uma mistura e uma rapsódia, visto que a mente moderna é demasiado passiva para fazer as coisas fortes.

OSCAR WILDE

Of all the tawdry and futile adventurers in the arts, whose multiplied presence negatively distinguishes modern times, he is one of the greatest figures, for he is true to falsehood. His attitude is the one true one in an age when nothing is true; and it is the true one because consciously not true.

His pose is conscious, whereas all round him there are but unconscious[1] poses. He has therefore the advantage of consciousness. He is representative because he is conscious.

All modern art is immoral, because all modern art is indisciplined. Wilde is consciously immoral, so he has the intellectual advantage.

He interpreted by theory all that modern art is, and if his theories sometimes waver and shift, he is representative indeed, for all modern theories are a mixture and a medley, seeing that the modern mind is too passive to do strong things.

◆

[A arte de James Joyce]

A arte de James Joyce, como a de Mallarmé, é a arte fixada no processo de fabrico, no caminho. A mesma sensualidade de *Ulysses* é um sintoma de intermédio. É o delírio onírico, dos psiquiatras, exposto como fim.

Uma literatura de antemanhã.

NOTAS

Os textos foram todos conferidos pelos originais (espólio E3 da Biblioteca Naional de Portugal). Nalguns casos apresenta-se apenas um excerto que incide mais diretamente sobre o tema em causa.

Indicam-se, para cada texto, o livro ou periódico em que foi publicado pela primeira vez e o número de página respetivo, como também as eventuais variantes textuais julgadas de interesse para o leitor.

As traduções dos textos em inglês tiveram a colaboração de Manuela Rocha e de Helder Moura Pereira.

I. IDEIAS SOBRE LITERATURA E ARTE

p. 19 [Um poeta animado pela filosofia]
Páginas Íntimas e de Auto-Interpretação, 13-14.

p 21 [A obra de arte escrita]
Escritos Autobiográficos, Automáticos e de Reflexão Pessoal, 380.

p. 22 ATENA
[1] Henry Sumner Maine (1822-1888), jurista e historiador inglês, procurou contar a história da civilização através da história das leis.

[2] Na sua *Oratio pro Cicerone contra Erasmus* (1531), Júlio César Scaliger (1484-1558) classificou o grande humanista de Roterdão como um mero comentador dos antigos, sem originalidade própria.

[3] Não foi exatamente isto que Aristóteles disse, tendo antes comparado, na sua *Poética*, a forma e a estrutura da tragédia (género elevado de poesia) às de um animal.

p. 30 [Literatura e realidade]
Livro do Desassossego, v. II, 264-265.
[1] Var.: *sabor*.

p. 31 ARTE — IDEALIZAÇÃO
Páginas de Estética e de Teoria e Crítica Literárias, 5-6.

p. 32 INTERSECÇÕES
Rita Patrício, *Episódios da Teorização Estética em Fernando Pessoa*, Braga, Húmus/Universidade de Minho, 2012, 368.

p. 34 [Literatura e artes]
Páginas de Estética e de Teoria e Crítica Literárias, 225.
Excerto do ensaio «Erostratus».

p. 34 [Arte intelectual]
Páginas de Estética e de Teoria e Crítica Literárias, 217.
Trecho do ensaio «Erostratus».
[1] Var.: *feeling*.

p. 35 ESTÉTICA
Páginas de Estética e de Teoria e Crítica Literárias, 72.

p. 36 [A ciência da literatura]
Páginas de Estética e de Teoria e Crítica Literárias, 38.

p. 38 [A poesia é uma imitação da Natureza]
BNP E3/139-18. Inédito.
Passagem escrita para um prefácio a *Five Poems*.

p. 39 [Os graus da poesia lírica]
Páginas de Estética e de Teoria e Crítica Literárias, 67-69.

p. 42 [Arte e sinceridade]
Heróstrato, 150.
[1]Var.: *natural humanity*.

p. 43 [A inspiração]
Heróstrato, 135-136.
[1] itálico acrescentado.
[2] «this inspiration is» no original.

p. 44 [Tudo é símbolos]
Inédito. BNP E3/14⁴-49.

p. 48 [A palavra e a voz]
Pessoa Inédito, 382.

p. 49 [O ritmo e a onda]
Pessoa Inédito, 387.

[1] O autor colocou aqui um ponto de interrogação, indicando incerteza quanto à asserção feita no início da frase.

p. 52 [Literatura e poesia]
Páginas de Estética e de Teoria e Crítica Literárias, 78-81.

p. 55 [A arte é a notação nítida]
Páginas de Estética e de Teoria e Crítica Literárias, 12.

p. 55 [Ciência e arte]
Páginas de Estética e de Teoria e Crítica Literárias, 4.

p. 56 [O essencial na arte]
Páginas de Estética e de Teoria e Crítica Literárias, 4.

p. 56 [Poesia dramática]
Teresa Rita Lopes, *Fernando Pessoa et le drame symboliste*, Paris, Fundação Calouste Gulbenkian/Centro Cultural Português, 1977, 514.

p. 57 [Pensamento e emoção]
Correspondência (1923-1935), 17.
Excerto de uma carta a Joaquim Pantoja, datada de 7/8/1923.

p. 57 [Arte moral ou imoral]
Páginas de Estética e de Teoria e Crítica Literárias, 55-57.
[1] Var.: *essência*.

p. 59 AS ARTES
Páginas de Estética e de Teoria e Crítica Literárias, 29-30.

p. 61 [O valor da arte]
Páginas de Estética e de Teoria e Crítica Literárias, 3-4.

p. 61 [As regras clássicas]
Inédito. BNP E3/139-14.
Passagem escrita para um prefácio a *Five Poems*.

p. 64 [O clássico e o romântico]
Páginas de Estética e de Teoria e Crítica Literárias, 218.
Trecho do ensaio «Erostratus».
[1] 1.ª versão: has *only that but no more*.
[2] 1.ª versão: splendour of *candid virtual*.

p. 65 [Romantismo e classicismo]
Páginas de Estética e de Teoria e Crítica Literárias, 148-151.

p. 67 [Romantismo e inteligência]
Páginas de Estética e de Teoria e Crítica Literárias, 145-146.
[1] Jacques Delille (1738-1813) foi poeta e tradutor. Os poetas do Arcadismo, um movimento que surgiu primeiro em Itália, inspiravam-se na poesia pastoral clássica. Oliver Goldsmith (1728-1774) era o autor dos três poemas referidos.
[2] Aqui o autor acrescentou, a lápis, uma frase incompleta.

p. 69 [Romantismo e individualismo]
Páginas de Estética e de Teoria e Crítica Literárias, 147-148.

p. 71 [O trabalho do poeta moderno]
The Selected Prose of Fernando Pessoa, 213-215.

p. 80 [O tradutor invisível]
Pessoa por Conhecer, 109.

p. 83 [Sentido e ritmo]
Pessoa Inédito, 386.
Apontamento precedido pela indicação «Poe (Introd.)».

p. 83 [A arte da tradução]
Pessoa Inédito, 220-221.

II. PERSPETIVAS HETERÓNIMAS

p. 89 António Mora: [A renovação da arte]
Páginas de Estética e de Teoria e Crítica Literárias, 125-126.

p. 90 António Mora: [Arte e perfeição]
Páginas de Estética e de Teoria e Crítica Literárias, 21-23.

p. 92 António Mora: [O simples e o complexo]

Obras de António Mora, 339-340.
Texto destinado ao «Ensaio sobre a Disciplina».

p. 95 Ricardo Reis: [A poesia metafísica]
Fernando Pessoa e o Ideal Neo-Pagão, 108.
[1] O último parágrafo é precedido pela indicação «re[garding] Simbolistas».

p. 96 Ricardo Reis: MILTON MAIOR DO QUE SHAKESPEARE
Prosa de Ricardo Reis, 199-201.

p. 98 Álvaro de Campos: RITMO PARAGRÁFICO
Pessoa por Conhecer, 336-337.

p. 102 Álvaro de Campos: [A incompreensão do ritmo paragráfico]
Poemas Completos de Alberto Caeiro, 272-273.

p. 104 Alberto Caeiro: [Sobre a prosa e o verso]
Pessoa por Conhecer, 462.
O original é encimado pela indicação «Caeiro» e assinado «Alb. Caeiro».

p. 104 Álvaro de Campos / Ricardo Reis: [Ritmo e poesia]
Páginas Íntimas, 391-393.
Datado de 9/4/1930.

p. 107 POLÉMICA ENTRE RICARDO REIS E ÁLVARO
DE CAMPOS
QUANTO À CLASSIFICAÇÃO DAS ARTES
Pessoa por Conhecer, 473.

III. CRÍTICA LITERÁRIA

p. 112 [O pessimismo de Antero]
Apreciações Literárias de Fernando Pessoa, 224.p. 113
ANTERO

Apreciações Literárias de Fernando Pessoa, 224-225.
[1] Pessoa duvidou desta afirmação, escrevendo, entre parênteses, «not so!».

p. 115 CESÁRIO VERDE
Cesário Verde, *Cânticos do Realismo e Outros Poemas. 32 Cartas*, ed. Teresa Sobral Cunha, Lisboa, Relógio D'Água, 2006, pp. 225-226.

p. 116 BAUDELAIRE E CESÁRIO
Ibid., 236-238.

p. 119 CAMILO PESSANHA
Apreciações Literárias de Fernando Pessoa, 211-212.
Datado de 11/11/1934.
[1] Var.: *sentido*.

p. 122 A NOVA POESIA PORTUGUESA SOCIOLO-
GICAMENTE
CONSIDERADA
[1] A frase é de Rémy de Gourmont (1858-1915).
[2] Na «Gloriosa Revolução» de 1688, o futuro Guilherme III, um protestante, derrotou o rei católico Jaime II, subindo ao trono no ano seguinte. A reforma eleitoral de 1832 alargou consideravelmente o direito a voto.

p. 134 [Sá-Carneiro e a imaginação]
Patrício, *Episódios*, op. cit., 380.

p. 135 MÁRIO DE SÁ-CARNEIRO (1890-1916)
[1] A epígrafe de Catulo, «E para sempre, irmão, salve e adeus!», é o último verso de um poema em homenagem ao seu irmão morto.
[2] «A terra em que escrevia era estrangeira», in *Tristes*, de Ovídio.

p. 139 ANTÓNIO BOTTO E O IDEAL ESTÉTICO CRIADOR
[1] «externo» na publicação original, julgamos que por erro tipográfico.
[2] Timbra, como Delfos, possuía um célebre templo de Apolo.

p. 158 A POESIA NOVA EM PORTUGAL
Páginas de Estética e de Teoria e Crítica Literárias, 366-368.

p. 160 [Shakespeare e Leonardo]
Páginas de Estética e de Teoria e Crítica Literárias, 201-202. Enxerto do ensaio «Erostratus».

p. 162 SHAKESPEARE
The Selected Prose of Fernando Pessoa, 215-216.
Passagem escrita para um prefácio a *Five Poems*.

p. 164 [A tragédia de Shakespeare]
Páginas de Estética e de Teoria e Crítica Literárias, 284-285.

p. 166 GOETHE
Páginas de Estética e de Teoria e Crítica Literárias, 123-124; *Apreciações Literárias de Fernando Pessoa*, 129.
Publicam-se dois entre vários trechos destinados, ao que parece, a um único ensaio sobre Goethe.

p. 168 VICTOR HUGO
Páginas de Estética e de Teoria e Crítica Literárias, 340-342.
Os primeiros editores publicaram três trechos autónomos — certamente destinados ao mesmo ensaio — como um texto único. Publicamos apenas dois dos trechos, separando-os por um asterisco.
[1] Transcrevemos o dístico (de *Os Lusíadas*, canto I) assinalado pelo nome «Hipocrene» no original.

p. 171 EDGAR ALLAN POE
Prefácio a Edgar Allan Poe, *William Wilson*, trad. de Carlos Sequeira (pseudónimo de Augusto Ferreira Gomes), Lisboa, Edições Delta, 1923.

p. 173 [Poe e Shelley]
   Apreciações Literárias de Fernando Pessoa, 212-213.

p. 174 A PROPÓSITO DE OSCAR WILDE
   The Selected Prose of Fernando Pessoa, 219.

p. 175 OSCAR WILDE
   The Selected Prose of Fernando Pessoa, 221.
   [1] «conscious» no original, por presumível lapso.

p. 177 [A arte de James Joyce]
   Escritos sobre Génio e Loucura, 444.

Edições de Fernando Pessoa referidas:

Apreciações Literárias de Fernando Pessoa, ed. Pauly Ellen Bothe, Lisboa, IN-CM, 2013

Correspondência (1923-1935), ed. Manuela Parreira da Silva, Lisboa, Assírio & Alvim, 1999

Escritos Autobiográficos, Automáticos e de Reflexão Pessoal, ed. Richard Zenith, Lisboa, Assírio & Alvim, 2003

Escritos sobre Génio e Loucura, ed. Jerónimo Pizarro, Lisboa, IN-CM, 2006

Fernando Pessoa e o Ideal Neo-Pagão, ed. Luís Filipe B. Teixeira, Lisboa, Fundação Calouste Gulbenkian, 1996

Heróstrato, Richard Zenith, Lisboa, Assírio & Alvim, 2000

Livro do Desassossego, ed. Jacinto do Prado Coelho, Lisboa, Ática, 1982

Obras de António Mora, ed. Luís Filipe B. Teixeira, Lisboa, IN-CM, 2002

Páginas de Estética e de Teoria e Crítica Literárias, ed. Georg Rudolf Lind e Jacinto do Prado Coelho, Lisboa, Ática, 1967

Páginas Íntimas e de Auto-Interpretação, ed. Georg Rudolf Lind e Jacinto do Prado Coelho, Lisboa, Ática, 1966

Pessoa por Conhecer — Textos para um Novo Mapa, vol. II, ed. Teresa Rita Lopes, Lisboa, Estampa, 1990

Pessoa Inédito, coord. Teresa Rita Lopes, Lisboa, Livros Horizonte, 1993

Poemas Completos de Alberto Caeiro, ed. Teresa Sobral Cunha, Lisboa, Presença, 1994

Prosa de Ricardo Reis, ed. Manuela Parreira da Silva, Lisboa, Assírio & Alvim, 2003

The Selected Prose of Fernando Pessoa, ed. Richard Zenith, New York, Grove Press, 2001